KB270527

레미제라블

Les Miserables

빅토르 위고

다락원　WILEY
Publishers Since 1807

세계의 교양을 읽는다

고전을 왜 읽는가?

인간의 삶과 세상에 대한 영원한 물음이 있기 때문이다. 시대와 사상을 뛰어넘어 지금 여기 우리에게 필요한 물음이 없는 고전은 더이상 고전이 아니다. 인간과 삶에 대한 근원적인 물음 없이 고전을 읽는다면 자신과 인간에 대한 성찰과 지혜로 이어지지 않는다. 논술 시험 때문에, 과제물 때문에, 아니면 남들이 읽으니까, 나도 읽는다는 식이라면 그 책은 죽은 책일 수밖에 없다.

고전을 살아 있는 책으로 만드는 이 '물음!'에 답하기 위해서는 좋은 길잡이가 필요하다. 40년 이상 미국의 고교생과 대학 주니어들이 시험, 에세이 작성, 심층토론 준비를 위해 바이블처럼 애용해온 'CliffsNotes'와 'SPARKNOTES'는 바로 그런 좋은 길잡이의 표본이다. 이 두 시리즈가 원조 논술연구모임인 '일이관지(一以貫之)' 팀의 촌철살인적 해설을 곁들여 〈다락원 명작노트〉로 재탄생해 논술로 고민중인 대한민국 학생 여러분을 찾아간다.

CliffsNotes와 SPARKNOTES의 가장 큰 장점은 방대하고 난해한 고전을 Chapter별로 요약하고 분석해서 원전의 내용에 보다 쉽고 체계적으로 접근하는 신속·간편성이라고 할 수 있다. 여기에 '一以貫之'팀이 원전의 중요한 문제의식, 즉 근원적 '물음'은 무엇이며, 그 '물음'은 오늘날에도 여전히 유효한가, 라는 질문을 다시 던진다.

대입논술로 고민하고, 자칭 타칭의 고전이 넘쳐나는 오늘의 독서풍토에서 지적 정복이 긴박한 대한민국 학생들에게 감히 이 시리즈를 자신 있게 권한다.

一以貫之 논술연구모임 연구실장 이호곤

차 례

CliffsNotes와 SPARKNOTES는 방대한 원작을 보다 쉽게 이해할 수 있도록 돕는 안내서입니다. 원작 이해를 돕기 위해 작가와 작품에 대한 배경지식, 그리고 매 장마다 간단한 '줄거리'와 '풀어보기'가 실려 있습니다. '줄거리'를 통해서는 원작의 내용을 명쾌하게 파악함으로써 독서의 즐거움을 느낄 수 있을 것입니다. '풀어보기'에는 원작에 담긴 문학적 경향, 등장인물의 심리상태, 시대상, 주제 등을 설명해 놓았습니다. 비판적 글읽기의 바탕이 되는 요소들이죠. 비판적 글읽기는 소설과 비소설 작품을 막론하고 책을 읽을 때 꼭 필요한 자질입니다.

그 밖에도 작품을 좀더 심오하게 분석할 수 있도록 '마무리 노트', 'Review' 등을 마련해 놓아 독자 여러분의 글읽기를 돕고 있습니다.

* 〈   〉는 장편소설, 중편소설, 논픽션, 시집. "   "는 수필집, 단편소설

● 일이관지(一以貫之) 논술노트

권말에는 一以貫之 논술팀에서 작성한 논술 노트가 실려 있습니다. 원작을 우리의 삶과 연계시켜 비판적 사고와 논리적 글쓰기의 방향을 제시합니다.

● 실전 연습문제

논술예제와 기출문제를 통해서는 원작을 바탕으로 출제 가능성이 높은 논점을 함께 숙고해 봅니다.

작가
노트

작가의 생애

빅토르 위고 Victor Hugo는 1802년 2월 26일 브레통 출신의 어머니와 프랑스 북동부 출신의 아버지 사이에서 태어났다. 그의 작품은 두 가지 인종적 기풍을 보여준다. 즉 아서 왕 시대부터 샤토브리앙*까지 켈트족의 문학적 특징을 이루는 시적 신비주의와 로렌 지방 농민의 순박한 활기가 그것이다.

위고는 이후 자신이 이류 귀족 가문 출신이라고 주장했지만 목공의 아들이었던 부친 조셉 레오폴드 위고 장군은 나폴레옹 시대의 많은 남자들처럼 시민군에서 활약한 공로를 발판으로 권력과 영향력 있는 자리에 오른 인물이다.

위고 장군은 조셉 보나파르트의 측근에 있었으며 임무 수행을 위해 나폴리와 스페인으로 갔다. 다섯 살 때 이탈리아로 아버지를 방문한 빅토르는 1811년 마드리드에서 학교를 다녔다. 이러한 이국적 추억들의 흔적은 나중에 그의 시와 희곡에서 발견된다. 과단성 있고 독립심이 강했던 어머니는 군인의 아내라는 불안정한 생활을 좋아하지 않아 1812년 파리에 정착했고, 비로소 세 아들 — 빅토르는 막내 — 은 올바른 교육을 받기 시작했다.

---

* **샤토브리앙**(Francois A. Cháteaubriand, 1768-1848)：19세기 프랑스 낭만파 문학의 선구자. 대표작 〈그리스도교의 정수〉(1802).

이러한 소원한 관계로 인해 위고 장군은 불륜을 저질렀고, 워털루 해전 이후 위고 부부는 별거를 준비했다. 하지만 장군은 아이들을 아내에게 맡기지 않고 기숙학교에 보냈다.

빅토르 위고는 어머니와 떨어져 사는 고통을 겪었지만 심하진 않았다. 이미 15세에는 이웃집 딸 아델 푸셰와 사랑에 빠졌고, 뛰어난 문인이 되어 그녀와 결혼하겠다는 꿈을 품었다. 문학과 수학에 뛰어났던 그는 1817년 아카데미 프랑세즈 콩쿠르에서 시로 입상했고, 1819년에는 또 다른 전국 시 대회에서 일등상을 탔다.

1821년 어머니가 세상을 떠나자 그는 아버지의 경제적 지원을 거절하고 극심한 가난 속에서 한 해를 견뎠다. 그러나 1822년, 시집인 〈오드, 기타〉로 루이 18세와 가까워지면서 연 1천 프랑의 연금을 받게 되자 재빨리 아델과 결혼하고 자녀 넷을 낳았다.

이미 1824년 고전주의 문학의 지배를 뒤엎고자 한 낭만주의 이단아 집단의 일원이던 위고는 1830년 역사 희곡 〈에르나니〉가 관객의 호응을 얻고 무대에서 고전주의적 형식의 족쇄를 깨면서 낭만주의자 지도자 가운데 한 사람이 되었다. 이 작품으로 그는 부유해졌고, 이후 15년간 연극 6편, 시집 4권, 소설 〈노트르담 드 파리(노트르담의 꼽추)〉를 내놓으면서 프랑스의 주요 작가 반열에 올라섰다.

무대와의 인연은 그의 사생활에 많은 영향을 미쳤다.

1831년, 그의 절친한 친구 중 하나이자 유명한 낭만주의 비평가 생트뵈브가 아델과 사랑에 빠지면서 위고의 가정에 균열이 생겼다. 이듬해 위고는 젊은 여배우 줄리에트 들루에를 만났고, 1833년 무대를 떠난 그녀는 그 후 50년간 비서 겸 여행 동반자가 되었다.

1843년 마지막 희곡 〈뷔르그라브〉의 실패, 신혼여행중이던 장녀의 익사 등으로 충격을 받은 그는 잠시 시 창작을 접고 정치에 몸을 담았다. 이처럼 급격한 삶의 변화는 이를테면 라마르틴과 게오르규 상 같은 낭만주의 작가들과 유사했다. 당시에는 온갖 사회문제에 시달리며 급속히 변화하는 프랑스 사회에서 아름답고 감동적인 작품을 쓰는 것만으로는 부족하며 좀더 직접적으로 가난하고 핍박받는 사람들을 도와야 한다고 느끼는 작가들이 많았다. 이 같은 분위기는 프랑스 문학에서 낭만주의 시대의 종식과 사실주의—자연주의—시대의 도래를 의미한다.

본래 어머니처럼 왕당파였던 위고는 1822년 아버지와 화해하면서 정치적 견해가 넓어졌고 온건 공화주의자가 되었다. 1845년, 그는 귀족이 되었고, 사회문제에 관한 연설도 많이 했다.

1848년 혁명과 함께 제2공화국이 수립되면서 위고는 헌법 의회의 의원으로 선출되었다. 3년 후, 루이 나폴레옹(나폴레옹 3세)이 쿠데타로 공화국을 폐지하고 제국을 다시 세우자,

새 황제에 맞서 파리 노동자들을 규합하려고 했지만 무위로 끝나 목숨이 위태로워진 그는 노동자로 위장해 브뤼셀로 도피한다.

이후 가족과 들루에 양을 동반한 19년의 망명생활은 처음에는 저지 섬에서, 나중에는 간디 섬에서 이어졌다. 영국해협에 위치한 그의 섬에서 위고는 공화국의 자유를 악용했다며 루이 나폴레옹을 비난하는 〈작은 나폴레옹〉(1852)과 〈징벌시집(懲罰詩集)〉(1853)을 발표했다. 다시 시와 소설로 돌아선 그는 딸의 추억과 철학사상을 논한 〈정관시집(靜觀詩集)〉과 탁월한 '인간 양심의 역사'를 노래한 〈여러 세기의 전설〉, 그리고 세 편의 소설 〈레미제라블〉(수년 전 이미 집필을 시작했음), 〈바다의 노동자〉(1866), 〈웃는 사람〉(1869)을 내놓았다.

1870-71년 보불전쟁*과 제국의 몰락 이후, 위고는 파리로 당당하게 돌아왔다. "빅토르 위고 만세!"를 외치는 엄청난 수의 군중들의 환영을 받으면서. 그는 포위된 파리에 머물면서 〈징벌시집〉 초판의 수익금으로 파리 방어용 대포 2문을 구입했다. 1871년, 아들의 죽음으로 얼마 동안 브뤼셀에 가 있던 그는 또 다른 아들이 사망하자 1873년에 파리로 돌아왔다. 그리고 1876년에는 상원의원에 선출되었지만 2년 후 건강이

---

* **보불전쟁:** 프로이센과 프랑스가 에스파냐 국왕의 선출 문제를 놓고 벌인 전쟁. 프로이센이 승리하여 독일 통일이 이루어졌다.

나빠져 평화로운 간디로 갔다. 그의 말년은 두 아들과 아델, 그리고 1882년 들루에 양의 죽음으로 침울했다.

위고는 1885년 83세를 일기로 세상을 떠났다. 그가 남긴 말은 "나는 5만 프랑을 가난한 사람들에게 남깁니다. 나는 가난한 사람들이 통상 이용하는 장례차로 묘지에 운구되기를 바랍니다. 나는 모든 교회의 기도를 사절합니다. 나는 하느님을 믿습니다"였다.

그의 소망에도 불구하고, 장례식은 위대한 작가를 추앙하는 국장으로 치러졌다. 그의 시신은 횃불을 든 기병들의 호위를 받으며 개선문 아래 안치되었고, 12명의 시인들이 관대(棺臺) 주위를 지켰다. 장례식 날, 백만의 애도 군중이 장례행렬을 따랐고 팡테옹에 안장된 그는 프랑스의 위인들과 함께 잠들어 있다.

빅토르 위고는 종종 허영심과 편협한 마음으로 비판을 받아왔다. 그의 허영심은 무한한 재능으로 정당화되었는데, 셰익스피어와 괴테 이래로는 문학사상 전례가 없었다. 심오한 사상가는 아니었지만, '선함, 아름다움, 진실함'에 대한 헌신은 비록 무비판적이었을망정 본능적이고 성실했다. 비평가들보다 국민들 사이에서 더 높은 평가를 받았던 위고는 오늘날까지 프랑스의 가장 사랑받는 작가 중 한 사람으로 남아 있다.

작품 세계

19세기의 대부분을 살았던 위고는 낭만주의와 사실주의 운동 모두에 걸쳐 있지만 낭만주의 시인으로서의 초기 명성에도 불구하고 어느 한쪽에 속했다고 말할 수 없다. 〈동방시집〉에서는 이국적 정취를, 〈노트르담 드 파리〉에서는 내국적인 색채를 세세하고 다채롭게 묘사했는데, 이것이 〈레미제라블〉의 근대적인 상황에 적용되면서 순수 사실주의가 되었다. 그는 스탕달*이나 플로베르**처럼 자신이 묘사하는 장면 앞에서 결코 객관적이고 무감각하지 않았지만 그 자신의 감정이라는 내면세계보다 외부세계에 더 관심이 많았다. 그리고 자신이 보는 것을 묘사하는 열정적인 정신은 에밀 졸라***만큼이나 '낭만적'이지 않다. 그의 시의 주제가 종종 낭만주의적이라고 할지라도 기교와 기법에 대한 관심은 그를 프랑스 고답파**** 시인들의 동료로 만들고, 전 작품의 서사시적인 특성은 한편으론 샤토브리앙과 드 비니, 다른 한편으론 에밀 졸라와 연결된다.

---

* **스탕달**(Stendhal, 1783-1842): 프랑스의 소설가. 낭만주의의 대가로 발자크와 함께 19세기 프랑스 소설계를 대표한다. 대표작 〈라신과 셰익스피어〉. 본명은 마리 앙리 벨.

** **플로베르**(Gustave Flaubert, 1821-80): 프랑스 작가. 대표작 〈세 가지 이야기〉, 〈보바리 부인〉.

*****에밀 졸라**(Emile E. Zola, 1840-1902): 이상주의적 사회주의자인 프랑스 소설가. 대표작 〈목로주점〉으로 자연주의 문학을 확립했다.

******고답파**: 1860년대 프랑스 시문학의 한 유파. 감성을 배격하고 이지적이고 실증적인 정신을 중시했으며, 현실과 동떨어진 예술지상주의를 주장했다.

그는 오직 극작가로서만 순수 낭만주의자로 간주될 수 있다.

●시

빅토르 위고는 19세기의 위대한 시인들 가운데서도 손꼽힌다. 이 같은 위치에 서게 된 것은 거의 60년에 걸친 다작뿐만 아니라 다양한 주제와 기법 덕분이다.

그의 시는 이례적으로 폭넓은 주제를 다룬다. 그 주제들 가운데는 낭만적인 사랑과 자연이 있음은 물론, 당대의 사건들, 이국적·역사적 장면에 대한 묘사, 철학 등도 능숙하고 감동적으로 다뤄진다. 그의 풍자는 그의 서정시만큼이나 강력하다.

시의 대가 위고는 위대한 혁신가이기도 하다. 그는 알렉산드리아의 2행 연구(聯句)라는 고전적 전통에서 탈피해(그는 이것도 훌륭하게 다룰 수 있다.) 중세와 자신의 풍부한 상상력에서 차용한 보다 복잡하고 미묘한 형태의 시로 나아가는 선구자였다. 그는 형식뿐만 아니라 시의 어휘도 재구성하며 시에 새로운 다양성과 풍요성을 주입한다.

두세 개의 시적 기법만을 사용하는 데 익숙한 대부분의 시인들과 달리, 위고는 모든 기법을 구사한다. 그는 훌륭한 수사학자이지만 시의 음감에도 뛰어나다. 그리고 상상의 귀를 깨우고 매혹하는 능숙한 표현의 아름다운 발음은 물론, 단어들 자체의 소리도 활용한다. 〈속죄〉에 나오는 "하얀 평야를 지나면, 또 다른 하얀 평야가"라는 시구는 반복적인 어구뿐만 아니라 모음들의 평탄한 메아리가 러시아의 끝없는 광야의 모습을 불러일으킨다.

직유와 은유뿐만 아니라 상징적 표현의 대가이기도 한 그는 시인들에게 '여러분 주위의 다른 가시적 우주'를 통해 '이 세상을 풍요롭게 하기 위해 자신의 이미지, 사상, 감정, 사랑, 그리고 타오르는 열정의 내면세계'를 해석하라고 조언한다. 그리고 자기 정신의 모습에 대응하는 생생하고 정확한 자연을 찾아내는 그는 모든 면에서 시인들의 선구자요 영감이다. 따라서 보들레르, 고답파와 상징주의자들 모두 그의 제자이자 채무자인 셈이다.

연극

위고는 〈크롬웰〉(1827-28) 서문에서 고전 연극을 공격하고 새로운 연극의 규칙을 정립하는 낭만주의 운동의 대변인 역할을 한다. 그는 시간, 장소, 행위의 통일성과 거짓되고 형식적인 우아한 대사 등, 고전주의의 형식과 언어 모두가 경직되어 있다고 비난한다. 그가 요구하는 보다 풍부하고 융통성 있는 운문은 일상적인 말투에 가깝게 근접하는 것이고, 좀더 융통성 있는 형식은 희극과 비극이 생활 자체에서처럼 셰익스피어 식으로 융합되도록 하는 것이다. 고전 연극에서 끝없이 지속되는 그리스 왕과 로마의 영웅에 식상한 그는 비교적 최근의 역사도 적절한 연극 주제가 될 수 있으며 부르주아나 도적도 무대를 탈바꿈시킬 고결함이 있다고 암시한다.

그는 자신의 연극에서 이러한 규칙들을 보여주었는데, 일부는 시뿐만 아니라 산문에도 나타나며 대체로 유럽 역사의 극적인 일화들을 다룬다. 〈마리 튀도르〉와 〈뤼크레스 보르지아〉의 주제들은 자명하다. 〈에르나니〉─문자 그대로 첫 공연 때 난동을 일으켰던─는 한 귀족적인 스페인 도적과 찰스 5세가 다투고, 〈뤼 블라〉에서는 한 종자가 여왕의 사랑으로 잠시 국왕이 된다.

우리는 당대 사람들처럼 위고의 희곡들을 열렬히 감상할 수 없다. 가장(假裝)과 보답이 따르는 이야기들은 너무 신파적(新派的)인 것 같다. 대담한 모험가들과 완벽하고 열정적이며 도달하기 어려운 여주인공들은 깊이가 없다. 그럼에도 불구하고, 특히 사건과 무대 장치의 역사적 정확성 면에서는 사실주의적 연극을 향해 큰 걸음을 내디뎠다. 그리고 무대 용어로 말하면 그것들 중 일부는 여전히 '놀라운 극장'이다.

작품 노트

작품의 개요

위고는 여러 편의 소설을 썼지만 오늘날에도 읽혀지는 작품은 〈레미제라블〉, 〈노트르담 드 파리〉, 〈바다의 노동자〉다. 〈바다의 노동자〉는 난파선을 구하고 사랑하는 여자를 얻기 위해 파도와 싸우지만 그녀가 다른 남자를 더 좋아한다는 것을 알고 포기하는 젊은 어부의 이야기다.

〈바다의 노동자〉는 바다를 떠올리게 하는 웅장함 때문에 주로 읽히지만 〈노트르담 드 파리〉는 세계적으로 유명한 작품이다. 중세 파리가 배경으로 월터 스콧 경에 의해 고취된 낭만주의 문학의 대표작이며, 여러 면에서 〈아이반호 *Ivanhoe*〉와 비교된다. 인기 고전인 두 작품 모두 신파적이지만 지속적인 긴장감을 주며, 깊이는 없어도 여전히 생생하고 기억할 만한 인물 묘사가 있다. 영국의 초등학생들이 로워너, 리베카, 아이반호, 브라이언 드 보아 길버트 경을 알고 있듯이, 프랑스 독자들도 가난하지만 아름다운 집시처녀 에스메랄다와 그녀의 작은 염소, 그녀를 탐하는 연금술사이자 성당 부주교 클로드 프로로, 그녀에게 연정을 품고 구하려 드는 '노트르담의 꼽추' 카지모도를 알고 있다.

그러나 〈노트르담 드 파리〉의 가장 큰 매력은 중세를 강렬하고 생생하게 재탄생시킨다는 데 있다. 위고는 이 작품의 집필을 위해 역사 문헌과 이야기들을 많이 참고했지만 파리

생활 장면은 학자라기보다는 목격자의 증언인 것 같다.

〈레미제라블〉 역시 같은 특성을 많이 갖고 있으나 훨씬 더 복잡하다. 일찍이 1829년 위고는 남녀노소의 이야기가 될 책을 쓰기 위해 틈틈이 메모를 했지만, 오랜 세월에 걸쳐 새로운 등장인물들과 작가의 철학과 경험에서 나온 많은 이야기가 보태지면서 내용이 풍부해졌다. 그리고 마침내 1862년 출간되자 한 편의 서사시적 대작이 되었다.

〈레미제라블〉은 사상과 감정 면에서 〈노트르담 드 파리〉보다 훨씬 더 심오하다. 이 작품에서 다뤄진 당대의 사회 문제는 인간성에 대해 많은 생각을 하도록 만들었다. 1830년, 프랑스 근로자 자녀의 평균 수명은 2세였다. 위고는 당대의 많은 사람들과 달리, 이 통계를 '불가피하다'거나 '부모의 잘못'으로 여기지 않고 인간적인 측면에서 평가했으며, 이처럼 참을 수 없는 엄청난 고통은 사회적 행동을 통해 바꿔야 한다고 외쳤다. 그는 바람직한 사회적 행동이 무엇인지를, 음식을 먹여야 할 어린이들, 일자리가 필요한 사람들, 보호받아야 할 여성들의 묘사를 통해 간접적으로, 그리고 교육과 기회 균등, 인간 사이의 진정한 형제애를 가능케 하는 입법을 요구하며 1832년 봉기한 학생들과 이상적인 고용주 마들렌 씨를 통해 직접적으로 보여준다.

그러나 이러한 사회적 행동이 힘을 얻도록 하기 위해 위고는 먼저 가난한 사람들, 부랑자들 ― 비참한 사람들(미제라블)—을 구하는 일은 가치 있고, 아무리 염치없고 불결한 부랑자라도 뭔가 사회에 기여할 것이 있으며, 심지어 비정한 죄수라도 선행을 할 수 있다는 확신을 갖고 다른 사람들도 납득시키려고 노력했다. 그러한 인간의 정신적 가능성에 대한 억누를 수 없는 믿음이 〈레미제라블〉에 녹아 있는 가장 흥미롭고 영속적인 특성이다.

●구조

〈노트르담 드 파리〉처럼 〈레미제라블〉의 줄거리 역시 신파적이다. 사건들은 종종 있을 법하지 않고 사회적·심리적으로 받아들이기 힘든 영역으로 옮겨가지만 의도적이다. 위고는 인간이 완전해질 수 있다는 일반적 진실을 예증하기 위해 죄수를 성인으로 탈바꿈시키는 극단적인 경우를 선택했다.

더욱이 그러한 틀 안에서, 사건들의 연속성과 상호관계는 신빙성 있고, 줄거리는 매우 주도면밀하게 짜여져 있다. 이 작품은 잘 만들어진 연극처럼, 긴장이 고조된 상황에서 출발해 제3부와 제4부 끝에서 절정으로 치닫다가 제5부에서 만족스럽고 논리적인 결말에 이른다. 여기에는 한 인간의 영혼 속에서 벌어지는 선과 악의 싸움, 그리고 보다 큰 선을 향한 사회의 노력이란 두 가지 주제가 교묘하게 얽혀 있다. 위고는 시각적으로 훌륭한 수많은 극적 장면들을 이용해 우리들의 마음속에서 일어나는 이 같은 노력이 실제로 영원히 사라지지 않도록 만든다.

●성격

세밀한 심리 묘사는 위고의 강점이 아니다. 그는 인간의 정신에 내재된 난해한 역설, 복잡성, 특이성들을 파고들지 않으며, 그렇게 할 수 없을지도 모른다. 그의 재능은 근원적 진실을 찾는 것이다. 장 발장은 한 가지 강렬한 감정인 자선(타인에 대한 적극적이고 외향적인 사랑)의 지배를 받는 단순한 성격을 지닌 인물이다. 그는 창녀를 돕고, 자신의 근로자들을 보호하며, 가난한 사람들에게 끊임없이 베푼다. 그의 존재이유는 문자 그대로 사랑이다. 그의 삶이 코제트를 중심으로 이어지고, 그녀가 떠나자 죽는 것을 보면 알 수 있다.

자베르는 사회 질서의 파수꾼이다. 마리우스는 낭만적인 연인의 화신이다. 앙졸라는 청렴강직한 혁명가다. 위고의 등장인물들 모두는 간단히 묘사될 수 있다. 달리 말하면 분류가 가능하다.

이 같은 단순성은 나름대로 가치가 있다. 마치 분리한 병균을 연구하는 과학자처럼 작가에게 특정한 정서를 깊이 분석할 여지를 주는 것이다. 빅토르 위고만큼 어려운 선의 길이나 사랑의 통절함을 제대로 포착한 이는 없다. 아무리 닳고 닳은 독자라도 장 발장의 임종 장면에서는 눈물을 흘릴 정도니까.

물론, 위고의 진실은 시인의 진실이지 심리학자의 진실은 아니다. 그는 현실을 멋대로 바꾸고, 등장인물들은 반드시 설득력 있는 단계로 진화하지 않는다. 장 발장의 변모는 거의 기적적이다. 테나르디에의 타락은 이렇다 할 동기도 없다. 그들은 과장되어 있다. 마리우스는 열정적으로 사랑하고, 장 발장은 현대의 성자이며, 테나르디에는 사탄 같은 악당이다.

그러나 이런 것들은 피상적인 비판이다. 위고는 세부적인 부분만을 왜곡한다. 그는 인물의 기본적인 고결성을 양심적으로 존중한다. 〈레미제라블〉은 사랑, 증오, 그리고 자기부정 같은 영원한 인간 정서를 전형적으로 나타내고 있다.

문체는 그 사람을 반영하는 것이기 때문에 빅토르 위고 같은 엄청난 활력을 지닌 저자가 고전적인 자제심을 버린다는 것은 놀라운 일이 아니다. 위고는 언어를 한껏 즐긴다. 생각들은 표현되고 또 다시 표현된다. 장소는 철저하게 묘사된다. 등장인물들은 말하지 않고, 열변을 토하며, 탄식하고, 칭송한다. 확실히 문체의 화려함은 지나치다. 그의 대조 기법은 때때로 지루해진다. 그의 설교는 군소리로 전락하기도 한다. 그의 선언은 때때로 공허하거나 심할 경우 거짓으로 들린다. 그러나 그 결점은 심각하지 않다. 왜냐하면 위고는 풍요로움의 과잉으로만 고통받기 때문이다. 그의 문체는 강한 기관(器官)이다.

그는 지하세계의 은어에서부터 학생들의 지적인 토론 말씨에 이르기까지 모든 관용어에 정통하고, 부랑아의 속된 풍자, 이상주의자의 웅변, 연인의 감상을 정확히 묘사한다. 강렬한 호기심을 만족시켜주는 해설적인 산문은 보통 소설에서는 좀처럼 찾아볼 수 없는 다양한 주제를 다룬다. 위고는 역사, 기호논리학, 철학, 종교, 정치 도덕에 관해 딱 들어맞는 말을 완벽히 구사하여 글을 쓴다.

그는 말할 것도 없이 프랑스어를 가장 생생하게 묘사하는 위대한 작가다. 그의 시만큼이나 〈레미제라블〉에서는 자신이 '이 우주의 낭랑한 메아리'라는 주장을 증명한다. 무수한 소품문(小品文)과 워털루 해전 묘사 같은 몇몇 화려한 글은 그의 소설들에 고조된 현실 의식을 부여한다. 이처럼 위고의 문체가 지닌 생생함과 웅변에 필적할 수 있는 작가는 드물다고 하겠다.

줄거리

빵 한 덩어리를 훔치고 몇 차례 탈옥을 시도한 죄로 19년 형을 받고 감방과 갤리선에서 복역하던 장 발장이 마침내 석방된다. 그러나 그의 과거가 끊임없이 그를 괴롭힌다. 디뉴에서 하룻밤 거처를 구하지 못하고 계속 퇴짜맞던 발장을 성자 같은 미리엘 주교가 따뜻이 맞아들인다. 그는 주교의 호의를 은식기 도둑질로 되갚는다. 경찰이 발장을 붙잡아 데려오자 주교는 그 은식기는 선물로 준 것이라며 배은망덕한 손님을 보호한다. 그는 그 전과자가 개심을 약속했다는 거짓말로 경찰관들을 납득시킨다. 그 후 한 번 더 도둑질을 하고 개과천선한 그는 마들렌이란 이름으로 공장을 시작해 몽트뢰유 마을에 번영을 가져다준다.

홀로 사생아를 키우던 팡틴이 일자리를 찾으려고 몽트뢰유 마을에 있는 고향집으로 돌아가는 길에 딸을 여인숙 주인인 테나르디에 부부에게 맡긴다.

팡틴은 마들렌의 공장에서 일자리를 찾아 그럭저럭 살아간다. 불행히도 그녀는 해고되고, 동시에 테나르디에 부부에게 줘야 할 양육비는 점점 불어난다. 어려움을 참지 못한 팡틴은 창녀가 된다. 동네 건달에게 괴롭힘을 당한 그녀는 소란을 피운 죄로 자베르 형사에게 체포된다. 그녀는 마들렌의 강력한 개입으로 감방행을 면하지만 열병에 걸려 건강은 위험할 정도로 악화된다. 마들렌은 죽음이 임박한 그녀에게 딸 코제트를 데려다주겠다고 약속한다.

그러나 마들렌은 심각한 문제에 봉착한다. 한 사내가 장발장이라고 체포되어 유죄 판결을 받기 직전이다. 고뇌하며 갈등의 밤을 보낸 마들렌은 과거를 고백하기로 결심한다. 아라스의 재판정에서 그는 극적으로 피의자의 무죄를 증명한다. 며칠 후 그는 팡틴의 침대 곁에서 자베르에게 체포되고, 그 충격으로 팡틴은 세상을 떠난다.

그날 밤 발장은 탈출하지만 이내 다시 붙잡히고 군항인 툴롱으로 보내진다. 어느 날 그는 배의 삭구장치에서 떨어질 뻔한 선원을 구하고 바다로 뛰어들어 익사했다고 믿게 만들어 탈출에 성공한다. 그는 테나르디에 부부의 여인숙이 있는 몽페르메이유로 간다. 돈을 숲속에 묻어놓은 그는 코제트를 가증스러운 테나르디에 부부의 손아귀에서 빼앗아 파리로 데리고 간다.

그는 파리 외곽 지대의 고보 하우스라는 낡은 공동주택에서 숨어 산다. 하지만 그의 경계에도 불구하고 자베르는 용케도 추적해 오고, 발장은 갑자기 도망쳐야 하는 처지가 된다. 숨 가쁜 추격이 이어지고 체포가 임박할 즈음 그는 기적적으로 한 수녀원으로 피신한다. 과거 그가 목숨을 구해 주었던 정원사 포시르방의 협조로 발장은 수도원장에게 자신을 정원사의 조수로 채용하고 코제트를 수녀로 등록해 달라고 설득한다. 발장과 코제트는 수녀원에서 외부와 차단되어 수년간 행복하게 지낸다.

마리우스는 구체제의 유물인 할아버지 질노르망과 함께 사는 열일곱 살의 소년이다. 인근 마을에는 은퇴한 나폴레옹 전쟁의 영웅인 마리우스의 아버지 조르주 퐁메르시가 살고 있다. 질노르망은 마리우스의 상속권을 박탈하겠다고 위협해 조르주 퐁메르시가 아들의 양육권을 포기하게 만든다. 질노르망의 퐁메르시에 대한 험담을 듣고 자란 마리우스는 아버지의 죽음을 무덤덤하게 받아들일 정도다. 우연한 기회에 아버지의 극진한 사랑을 알게 된 마리우스는 할아버지의 기만에 분노해 집을 나간다.

라틴 지역에 은신한 그는 'A.B.C.의 동지들'이란 급진 학생 단체에 가입한다. 아버지의 사후 영향으로 군주제에서 나폴레옹으로 신념을 바꾼 마리우스는 지적 당혹감에 빠지고, 물질적 어려움으로 불행의 골이 깊어진다. 마침내 그는 일자리를 잡고 검소한 생활을 하며 꿈의 세계로 물러나 그럭저럭 살아간다.

그 같은 평화는 그가 룩셈부르크 공원에서 한 아름다운 아가씨에게 흠뻑 빠지면서 산산조각난다. 그녀는 장 발장의 보호를 받는 코제트이다. 너무 소심해서 대담한 행동을 하지 못하는 그는 조용히 구애하지만 경솔함으로 일을 그르친다. 그는 문지기에게 코제트가 사는 곳을 묻는데, 일주일 후 그녀가 주소도 남기지도 않고 이사를 간 것이다. 오랫동안 연인의 행방에 대한 단서를 찾지 못한 그는 절망한다.

우연이 그를 다시 제자리로 돌려놓는다. 어느 날 호기심에서 벽에 난 구멍으로 이웃을 엿보던 그는 네 식구가 이루 말할 수 없는 불결한 환경에서 생활하는 것을 목격하게 되고, 이어 자선가 르블랑 부녀가 들어오는 것을 본다. 그런데 놀랍게도 그 자선가의 딸은 코제트였다. 하지만 기쁨도 잠시, 이웃들이 르블랑 씨를 함정에 빠뜨리려는 사실을 알고는 경악한다. 그 사실을 경찰서에서 자베르에게 신고한 마리우스는 경감의 지시에 따라 자기 방으로 돌아간다.

르블랑이 돌아오자 테나르디에라고 신분을 밝힌 마리우스의 이웃은 그를 묶고는 엄청난 몸값을 요구하지만 경감이 때맞춰 도착하면서 그 음모는 실패한다. 그 와중에 르블랑은 도피한다.

또다시, 코제트는 사라졌다. 그러나 마리우스를 사랑하던 테나르디에의 딸 에포닌이 용케도 그의 연인을 찾아준다.

먼발치에서 코제트를 연모하던 마리우스는 용기를 내어 사랑을 밝히고, 코제트도 그 사랑에 응한다. 한 달 내내 두 사람은 순결하고 은밀하게 만난다. 그 이유는 장 발장이 자기 자리를 빼앗은 마리우스에게 반감을 품으리라고 코제트가 본능적으로 추측하기 때문이다.

마리우스의 행복이 느닷없이 깨진다. 은밀한 경고와 점증하는 소요사태로 불안해진 발장이 코제트를 데리고 영국에 가기로 결정했기 때문이다. 발장은 우선 은신처를 옮긴다.

사랑에 빠진 마리우스는 악화되는 정치 상황을 모르고 있었다. 이제 임박한 폭동의 위기는 그의 개인적 위기가 된다. 그의 친구 앙졸라는 코랭트 포도주 가게 앞에 바리케이드를 치라고 지시한다. 그가 상대해야 할 첫 번째 적은 반란군 사이에서 발견된다. 바로 자베르이다. 첩자로 밝혀진 그는 묶인 채로 처형을 기다리고 있다.

절망한 마리우스는 폭동 속에서 죽어야겠다고 결심한다. 그는 바리케이드에 있는 동지들과 합류해 끝까지 용감하게 싸운다. 장 발장 역시 그들과 합류하지만 특별한 이유가 있다. 코제트를 위해 마리우스를 보호하기로 결심한 것이다.

최종 공격 전, 자베르를 처형하겠다고 나선 발장은 그를 살려주고 멀리 쫓아 보낸다. 이어 발장은 몇 안 남은 생존한 반란군이 포도주 가게 안으로 내몰릴 때 바리케이드로 돌아온다. 그는 총상을 입은 마리우스를 붙잡아 맨홀 속으로 사라져 파리의 하수구를 통과하지만 출구에서 자베르에게 체포당한다. 자베르는 발장이 마리우스를 할아버지에게 데려가도록 허락하고, 나중에는 어찌할 바를 모르다가 발장을 놓아준다. 그는 자신의 직무유기를 용서할 수 없어 자살하고 만다.

부상에서 회복한 마리우스는 결혼을 반대하는 할아버지를 이겨낸다. 그러나 결혼은 발장에게는 치명적인 타격이다. 그가 과거를 마리우스에게 고백했지만 마리우스는 서서히 코제트를 발장에게서 멀어지게 만든다. 마리우스는 발장이 하수구에서 목숨을 구해 주었다는 사실을 모른다. 코제트가 없는 발장의 인생은 의미가 없다. 그는 서서히 쇠약해진다. 마리우스는 돈을 뜯어내려고 찾아온 테나르디에가 무심코 내뱉은 거짓말로 발장이 그의 생명을 구했다는 사실을 알게 된다. 이어 때맞춰 장 발장을 찾아간 마리우스와 코제트가 그의 임종을 지킨다.

등장인물

찰스 프랑소아-비엥브뉘 미리엘 주교 *Monseigneur Charles François-Bienvenu Myriel* 성자 같은 주교로서 전과자 발장을 개과천선시킨다. '비엥브뉘 씨'로도 불린다.

밥티스틴 양 *Mlle. Baptistine* 주교의 누이동생.

마글로아 부인 *Mme. Magliore* 주교와 누이동생 집의 가정부.

장 발장 *Jean Valjean* 경찰의 수배를 받고 있는 전과자. 도덕적 완성을 위해 힘쓰며 고아 코제트를 사랑하면서 일종의 성자가 된다. 마들렌과 르 블랑으로도 알려져 있다.

꼬마 저베 *Little Gervais* 굴뚝 청소부. 그의 동전을 훔친 발장의 마지막 범죄 행위에 대해 자베르가 냉혹하게 추적한다.

팡틴 *Fantine* 예쁜 용모의 부랑아로 열다섯 살 때 파리에 온다. 톨로미에와 사랑에 빠져 사생아 코제트를 낳는다. 할 수 없이 자식을 버려야 하는 상황에 처하자 절망하고 결국은 세상을 떠난다.

코제트 *Cosette* 본명은 유프라지. 팡틴의 딸. 잔혹한 여인숙 주인 테나르디에와 살면서 불행한 어린 시절을 보내지만 나중에 발장의 헌신적인 보살핌과 마리우스와의 사랑을 통해 행복을 찾는다.

펠릭스 톨로미에 *Félix Tholomyès* 학생이자 팡틴의 연인. 코제트의 아버지.

테나르디에 *Thénardier* 어린 코제트를 학대하고 발장을 함정으로 유인하는 등, 각종 악행을 저지르는 사악한 여인숙 주인. 종드레트, 파방투로도 알려져 있다.

테나르디에 부인 *Mme. Thénardier* 남편과 두 딸을 제외한 모든 사람에게 악의를 품는 성미 사나운 여자.

에포닌 *Eponine* 테나르디에 부부의 첫째 딸. 아이 때 코제트에게 상처를 준다. 후에 굶주리고, 거친 사춘기 소녀가 된다. 마리우스를 사랑하며, 처음에는 그를 위태롭게 하다가 나중에는 목숨을 살린다.

아젤마 *Azelma* 테나르디에 부부의 둘째 딸. 버릇이 없고, 언니처럼 비참해진다.

가브로시 *Gavroche* 테나르디에 부부의 장남. 전형적인 파리의 부랑아. 1832년 혁명 당시 바리케이드에서 장렬하게 죽는다.

두 명의 어린 소년 *Two little boys* 테나르디에 부부의 자녀들. 부모들이 지인인 마뇽에게 준 아이들. 마뇽이 체포된 후 파리 거리를 방황한다. 가브로시의 보호로 일시적 위안을 받는다.

자베르 경감 *Inspector Javert* 청렴한 경찰관. 장 발장 추적을 필생의 과업으로 삼는다.

포시르방 *Fauchelevent* 장 발장이 마들렌이란 이름으로 행세할 때 목숨을 구해 준다. 나중에 리틀 픽퓌 수녀원의 정원사로 발장과 코제트에게 은신처를 제공한다.

바마타부아 *Bamatabois* 팡틴의 등에 눈을 퍼부으면서 괴롭히는 건달.

샹마티유 *Champmathieu* 장 발장으로 고발당한 사나이. 그를 위해 마들렌이 자신의 정체를 밝힌다.

심플리시티 수녀 *Sister Simplicity* 발장을 자베르로부터 구하기 위해 거짓말을 한다.

블라트뤼엘 *Boulatruelle* 늙은 도로공사장 인부, 전과자, 암흑가 패거리의 별 볼일 없는 일원. 끊임없이 몽페르메이유 근처의 숲속에 묻힌 보물을 찾고 있다.

수도원장 *The Prioress* 발장과 코제트가 몇 년간 사는 수도원의 원장.

메스티엔과 그리비에 *Mestienne and Gribier* 무덤을 파는 사람들. 포시르방의 친구인 메스티엔은 돌연사하고, 그의 자리를 차지한 그리비에가 발장을 생매장할 뻔한다.

질노르망 *M. Gillenormand* 계몽주의 시대의 유물로, 손자 마리우스의 낭만적 사랑과 진보 정치에 반감을 보인다.

질노르망 양 *Mlle. Gillenormand* 질노르망의 딸. 활기 없는 노처녀로, 유일한 관심사는 기도 습관.

마리우스 퐁메르시 *Marius Pontmercy* 코제트와 열렬한 사랑에 빠지는 이상주의적인 학생. 이후 그녀와 결혼한다.

조르주 퐁메르시 대령 *Colonel Georges Pontmercy* 마리우스의 아버지이자 나폴레옹 군대의 장교. 나폴레옹은 대령, 남작의 지위를 내리고 레종 도뇌르 훈장도 받는다.

테오뒬 질노르망 중위 *Lieutenant Théodule Gillenormand* 질노르망의 증손자. 사촌인 마리우스의 동태를 살피라는 요청을 받는다.

마뇽 *Magnon* 테나르디에 부인의 친구. 사생아를 둘 낳는데, 양육비는 그녀의 전 고용주인 질노르망이 댄다. 이 소년들이 죽자 테나르디에 부부는 그 돈의 일부를 받고 자기들의 두 아들을 그녀에게 넘긴다.

마베프 씨 *M. Mabeuf* 늙은 원예가이자 애서가이며 교구위원. 마리우스에게 아버지에 관한 진실을 밝히는 데 도움을 준다. 나중에는 가난 때문에 들고일어나 바리케이드에서 용감하게 죽는다.

마더 플루타크 *Mother Plutarch* 마베프 씨의 하인. 마지막까지 주인과 가난을 함께한다.

몽파르나스, 클라크수, 괼르메르, 바베 *Montparnasse, Claquesous, Gueulemer, and Babet* 파리 암흑가의 두목들. 간간이 테나르디에와 손잡는다.

앙졸라 *Enjolras* 비타협적인 급진주의자. 학생 반란군의 지도자로서 장렬히 죽는다.

그랑테르 *Grantaire* 앙졸라의 친구. 주정뱅이 냉소주의자. 총살형 집행대에서 앙졸라와 함께 죽음으로써 쓸모없는 존재란 오명을 벗는다.

콩브페르 *Combeferre* 앙졸라의 친구이자 학생 반란군의 2인자.

쿠르페락 *Courfeyrac* 학생. 앙졸라, 콩브페르와 함께 학생 반란군을 선동하고 이끈다.

장 프루베르 *Jean Prouvaire* 앙졸라의 친구이자 혁명가. 부유하고 예민하고 똑똑하다.

바호랄 *Bahoral* 법학도이자 혁명가. 유머 감각이 좋고 변덕이 심하며 학업을 게을리한다.

졸리 *Joly* 학생. 심기증 환자이지만 쾌활한 인물.

보시에 *Bossuet* 학생 혁명가. 자기 이름으로 '레글 (드 모)'이라고 서명하지만 보시에(대머리), 레글(Laigle, 독수리), 그리고 이따금 레글(Lesgle)로 불린다.

페일리 *Feuilly* 독학 근로자이며 열렬한 반란 가담자.

르 카뷕 *Le Cabuc* 반란 중 한 짐꾼에게 총을 쏘아 앙졸라에게 처형된다.(상황상 클라크수일 수도 있음)

Book별
정리
노트

제 1 부

팡틴

제 1 권

:줄거리   ### 미리엘 주교

1815년, 찰스 프랑소아-비엥브뉘 미리엘 신부가 디뉴의 주교직에 봉직한 지 9년이 되었다. 75세인 그는 열 살 아래의 여동생, 그리고 여동생과 동년배인 늙은 하녀 마글로아 부인과 살고 있다.

주교는 성직자가 된 깊은 사연이 있다. 엑스 의회의 고문이었던 그의 아버지는 아들을 후계자로 키우고 있었다. 젊은이는 18세에 결혼했고, 사교계에서 멋진 모습을 보여주었다. 그러나 혁명이 그의 운명을 바꿔놓았다. 망명, 아내의 죽음, 구체제의 몰락, 그리고 어떤 개인적 슬픔으로 인해 미리엘은 성직자로 돌아선 것이다.

그는 형용할 수 없을 정도로 선한 신부가 되었다. 나폴레옹이 그를 주교로 임명한 것은 그의 교구에는 축복이었다. 그는 넓고 호화로운 대저택을 병자들에게 넘겨주고 그 병원을 소박한 거처로 삼았다. 그가 지닌 사치품이라면 부유한 시절부터 소유하던 몇 가지 은제품, 즉 칼 여섯 자루와 포크, 국자, 촛대 두 개가 전부였다.

교회의 재원은 물론, 그가 보유한 재산의 대부분은 가난한 사람들을 위해 쓰였다. 15,000프랑의 급료에서 14,000프랑이 자선에 책정되었다. 빈자들을 위해서라면 주교는 명성에 흠이 되는 일도 마다하지 않는다. 그는 고아와 기아들에게 돈을 주기 위해 낭비라는 비판을 감수하면서도 마차의 유지보수금을 요청한다. 이렇게 자기를 희생하면서도 그는 걸어서, 노새를 타고, 혹은 그 밖의 변변치 않은 교통수단을 이용해서 신도들을 방문한다. 주교는 지칠 줄 모르고 병자들을 보살피고, 죽어가는 사람들을 위문하고, 도덕적인 삶에 대해 설교한다. 그는 불가능한 일을 요구하지 않고, 성급히 비난하는 적도 결코 없으며, 가난한 사람들을 불러들이기 위해 언제나 문을 열어둔다.

불과 몇 가지 일만이 성인 같은 그의 하루 일과에 끼어든다. 어떤 때는 땅 위에서의 마지막 밤을 보내는 죄수를 위로하고 처형장에도 입회한다. 이 같은 경험으로 그의 뇌리에는 항상 사회 질서에 관한 두려움과 의문이 남는다.

교구에 대한 책임으로 그는 굽힐 줄 모르는 열정을 예증하는 또 다른 경험을 하기도 한다. 외딴 교구 마을을 심방하려는 마음이 간절한 그는 도적 크라바트의 은신처가 있는 산중으로 홀로 들어간다. 그는 마을에서 테데움 성가를 부르고 싶지만 교구가 너무 가난해 예배에 필요한 주교 장식물이 없다는 사실을 알게 된다. 도움은 전혀 예상치 않은 곳에서 찾아온다. 크라바트가 주교에게 앙브랭의 노트르담 교회에서 훔친 보물들이 가득 담긴 가방을 보낸 것이다. 주교는 이것들을 예배에 사용하지만 독자는 그가 과연 그것들을 앙브랭에 돌려주는지 아니면 그것들을 팔아 병원에 기부하는지에 대해서는 마음을 졸이며 보게 된다.

사회적으로 소외된 사람들에게 겸손한 브엥브뉘 씨(교구민들은 그의 친절 때문에 그렇게 부른다.)는 부유층에 대해 때때로 통렬해진다. 그는 풍자적인 설교, 빈정대는 찬사로써 한 상원의원의 도덕불감증에 물든 물질주의를 반박한다.

그러나 그의 풍자는 오로지 이기적인 사람들을 겨냥한 것이며, 의로운 상대에게는 배려와 예의를 갖춘다. 그는 많은 사람들을 단두대로 보낸 1793년 혁명회의의 일원이었던 G.의 중병 소식을 듣고는 그를 심방해야 한다고 생각하며, 상호 존경심 가득한 긴 대화 속에서 혁명의 가치를 놓고 논쟁한다. 이례적으로 주교는 혁명의 장점을 인정하고, 역할을 바꿔 그 의회파에게 축복의 말을 요청하면서 대화를 끝맺는다.

종종 책의 첫머리 몇 줄이 전체 내용의 기조가 된다. 여기서 〈레미제라블〉의 정신적 기조를 세우는 사람은 디뉴의 주교다.

진정으로 선한 남녀는 작가가 설득력 있게 묘사하기가 가장 어려운 인물들 중 하나다. 위고가 주교를 묘사할 때 단순하게 "이 사람은 성자다"라고 말하지 않는다는 점에 주목하자. 대신, 그를 서서히 소개하면서 독자 스스로 판단하도록 만든다. 처음에는 사람들이 그의 과거에 대해 말한다. 그런 다음에는 그가 저택과 급료를 내놓는 모습을 보게 된다. 그리고 그가 교구민들에게는 간결하고 현명하게, 누이동생에게는 명랑하게, 위대한 사람들에게는 재치 있게 말하는 것을 듣는다. 5-9장에서는 주교의 사생활로 더욱 깊숙이 들어가서 그가 공적인 생활이나 침실에서나 똑같이 허세부리지 않고 살며, 여동생과 하인이 교구민들보다 더 그를 사랑하고 존경한다는 사실을 알게 된다. 위고는 이처럼 단도직입적인 설명 외에 독자에게 더욱 확신을 심어줄 만한 실례를 덧붙인다. 주교의 개인 예산과 누이동생이 옛 친구에게 보낸 편지를 직접 보여주고, 주교를 두 가지 어려운 시험, 즉 도적 크라바트와 의회파인 G.를 상대로 용기와 자비의 시험에 들게 만드는 것이다. 그리고 마침내 독자는 주교의 내면을 엿보게 되더라도 더 이상 그 광채에 놀라지 않는다.

그러나 무엇보다도 주교를 신뢰할 수 있는 사람으로 만드는 것은 비록 냉소적일망정 해학을 지니고 있다는 점이다. 주교는 정당한 이유로 절도죄를 초월한 사람이 아니고, 개인적이고 계급적인 편견이 없는 사람도 아니다. 그러나 그는 자신이 믿는 것에 의해 끊임없이 변화하고, 그의 내면의 빛이 주위 사람들은 물론이고 그 자신의 인격도 바꾸고 있다.

주교는 위고에게 하나의 사회적 상징으로서 중요하다. 그는 구체제의 일원이면서도 특권 상실을 덤덤하게 받아들였고, 하느님의 사자이지만 인간의 법이 지닌 결함도 도외시하지 않는다. 위고는 주교와 의회파 G.를 동정적으로 다뤄 그들 사이의 화해가 가능하다는 것을 보여줌으로써 진보가 당을 초월하며, 혁명 발발 80년 이상이 지난 지금도 여전히 고통받는 가난한 사람들을 그 끔찍한 가난의 멍에에서 벗어나도록 힘을 합쳐야 한다고 간접적으로 촉구하고 있다.

제 2 권

은혜를 원수로

1815년 10월 초, 추레해 보이는 나그네가 걸어서 디뉴로 들어온다. 그는 돈이 있음에도 불구하고 음식과 하룻밤 거처를 거듭 거절당한다. 심지어 개집을 노동자의 오두막으로 착각해 들어갔다가 사나운 개에 쫓겨 나온다. 절망한 그는 자신의 처지를 애처로워하며 한마디 한다. "나는 개만도 못한 존재로구나!"

친절한 행인의 조언에 따라 미리엘 주교를 찾아간 그는 불쑥 자기가 장 발장이며 최근 감옥에서 출소한 전과자라고 밝힌다. 놀랍게도 주교는 저녁을 함께하자고 권하고, 조언을 해주고, 하룻밤 묵을 잠자리도 제공하는 등, 환대한다. 더욱 놀라운 것은 발장을 진심으로 정중하게 대하면서 과거의 오점을 무시해 버린다는 점이다.

발장의 과거는 비극 그 자체다. 그는 스물여섯 살 때, 과부인 누이동생과 그녀의 대가족을 먹이려고 빵 한 덩어리를 훔친 죄로 5년 징역형에 처해졌다. 그리고 거듭된 탈옥 미수 때문에 형기는 19년으로 늘어났다. 감방에서 겪은 무자비한 대우로 인해 타고난 선한 마음이 사회에 대한 무자비한 증오로 바뀌었다. 석방된 이래 경험한 끊임없는 적의는 이러한 증오심을 굳혀줄 따름이었다.

주교의 친절이 발장을 깊이 감동시키지만 새사람으로 만들지는 못한다. 한밤중에 몰래 일어난 그는 잠든 주교의 머리 위 찬장에 있는 은식기를 훔친다. 주교가 잠을 깼다면 죽일 각오도 했다. 하지만 탈출하던 그를

경찰이 붙잡아 주교에게 데리고 온다. 이번 범죄로 그는 종신형을 받게 될 것이다. 그러나 미리엘 주교는 은식기를 선물한 것처럼 가장하고, 극진한 친절을 보이며 발장이 유일하게 남겨놓은 값비싼 촛대까지 보태준다. 장 발장이 떠날 때 주교가 보답을 요구한다. 놀란 발장에게 이렇게 말하는 것이다. "내게 이 은식기를 이용해 정직한 사람이 되겠다고 한 약속을 잊지 마시오."

우리가 처음 장 발장을 만날 때, 그는 사실 개보다도 못한 존재다. 개는 유용한 동물이 될 수도 있지만 장 발장은 위험한 사람이다. 그는 갤리선으로 끌려가기 전에도 한통속인 자들에 대한 본능적 충성심에 의해서만 움직이고, 사람이라기보다는 선악 관념이 없는 짐승이었다. 위고에게 발장이 감방에서 독학을 했다는 사실은 희망적이지만 당장은 교육이 그를 사악하게 만드는 데 도움이 되었을 뿐이다.

오늘날의 시각에서 19세기 형법은 모순이 있는 것 같지만 이들 형법은 대부분의 재산이 공유되고 절도는 종종 사형으로 다스리던 부족 사회의 원시적 습속에서 유래한다. 원죄보다는 환경을 성격 형성의 중요한 요소로 여겼던 공리주의 철학의 영향을 받아 18세기와 19세기 철학자들은 사법제도를 새롭게 조명하고, 범법자들을 욕되게 하기보다는 재활시키는 관대한 법과 교정(矯正) 제도를 요구하기 시작했다. 위고는 이처럼 개화된 견해를 공유하며, 사실 〈레미제라블〉은 원래 형법제도에 대한 개혁 욕구에서 영감을 얻은 작품이다.

위고가 내면의 갈등을 불러일으키기 위해 외부의 시각적 느낌을 이용한 기법은 인상적이다. 작가일 뿐만 아니라 예술가였던 위고는 주교의 방 장면에서 소리나 움직임을 거의 보이지 않는다. 우리가 보고 기억하는 것은 위협적인 무기가 걸려 있는 어둠, 언뜻 비치는 주교의 계란형 얼굴, 그리고 그 둘 사이에서 번득이는 십자가에 못 박힌 예수 팔 위의 희미한 빛이다. 이것은 인간과 역사, 안과 밖, 선과 악 사이의 끝없는 갈등을 상징하는 잊을 수 없는 흑백의 형태다.

주교의 촛대 일화가 유명한 것은 당연하다. 그 상황은 극적이고, 심리상태는 심오하며, 예술성도 최고다. 위고는 장 발장의 마음속 혼란을 일별하게만 함으로써 그의 이전 살인 충동, 절도, 무모한 탈출에 대해 우리 스스로 설명하도록 만들어 의도적으로 감정이입을 일깨운다.

장 발장의 변화는 납득할 수 있다. 그는 철저히 적의에 찬 세계에 둘러싸여 있다고 믿는다. 주교는 그에게 그 안에 선(善)이 있음을 보여주었지만 그는 변화하기도 전에 자기 안의 악을 보게 된다. 꼬마 저베와 마주하자 무의식적으로 잔인하게 반응했던 그는 세상이 자기에게 한 짓을 무방비 상태인 누군가에게 투사했음을 깨닫는다. 만약 지금의 자신을 계속 고집한다면, 그는 자신이 증오하는 사람들과 똑같은 사람이 될 것이다. 따라서 그는 변화밖에는 다른 방도가 없다.

제 3 권

짧은 행복

여기서 독자는 가장 애처로운 등장인물 가운데 한 사람인 팡틴을 소개받는다. 미천한 태생인 그녀는 방탕한 사람들을 사귀면서도 솔직함과 동정심을 잃지 않는다. 그녀는 펠릭스 톨로미에를 연인으로 선택했지만 그 불장난을 첫사랑처럼 낭만적으로 받아들인다. 1817년 어느 여름날, 톨로미에는 팡틴과 다른 세 쌍을 위해 교외 소풍을 준비한다. 스스럼없이 즐겁게 지낸 그 날은 농담과 웃음이 있는 음식점 저녁식사로 마무리되었다.

그러나 이 축제는 그들의 눈앞에서 늙은 말이 숨지는 섬뜩한 사고로 엉망이 된다. 늙은 말의 죽음이 팡틴의 연인에게는 농담거리가 되지만 그녀는 기분이 상한다.

이 사건은 그녀가 누리는 행복의 종지부인 것 같다. 남자들은 냉담한 작별 쪽지만 남기고는 슬그머니 음식점을 빠져나간다. 여자들을 버린 것이다. 팡틴의 인생은 산산이 부서진다. 그녀와 톨로미에 사이에는 딸 코제트가 있는데, 그가 돈 한 푼 남기지 않고 떠났기 때문이다.

빅토르 위고는 프랑스에서 연극을 '셰익스피어 식으로' 접근하는 방식을 지지하는 작가에 속했다. 즉 강한 대조를 보이기 위해 희극과 비극, 그리고 숭고함과 우스꽝스러운 것을 뒤섞었다. 제2권에서 장 발장의 그늘과 고난을 보여준 위고는 여기서 학생들과 소풍을 떠난 팡틴과 친구들을 통해 청춘, 흥겨움, 봄을 소개한다.

그러나 그 대조는 외견상일 뿐, 사실은 또 다른 주기의 몰락, 절망, 갱생이 막 시작되려고 하며, 장 발장이 남자의 운명을 펼쳐 보일 때, 팡틴 모녀는 '비참한 사람들'이라는 어두운 세계로 떨어지면서 여인과 아기의 운명을 밟아나갈 것이다.

19세기 초반에 발자크와 역사 소설가들은 '의미심장한 세부'란 기법을 개발했다. 이 기법은 사람의 외적인 모습을 정확히 묘사해 그의 내적 성격을 밝히는 많은 단서를 제공한다. 이 같은 기법에 익숙해진 오늘날 독자들은 위고 같은 작가는 구식이고 지루하다고 여긴다. 그는 '의미심장한 세부' 사항을 제공하면서도(다른 여자들의 낮은 옷깃과 대비되는 팡틴의 수수하지만 속이 비치는 매력적인 블라우스) 내적인 의미(나머지 여자들과 대조되는 팡틴의 열정이 지닌 순수성과 이상주의)까지 설명한다. 그러나 위고가 대학생이나 어떤 문학 동아리를 대상으로 글을 쓰지 않았다는 점을 기억해야 한다. 그는 대중을 파고들기 바랐으며 전달하고자 하는 내용을 강조하기 위해 필요하다면 심미적 효과는 개의치 않고 여러 방식으로 같은 사항을 말할 용의가 있었다. 사실, 예술을 희생시키고 양심을 택할 자세가 되어 있었던 것이다.

제 4 권

불행한 결정

비탄에 빠진 팡틴은 이제 두세 살이 된 딸과 고향 몽트뢰유로 돌아가기로 결심한다. 그녀는 귀향길에 테나르디에 부인을 알게 된다. 여인숙 주인의 아내인 그녀는 집 현관 계단에서 놀고 있는 두 딸을 지켜보고 있다. 테나르디에 부인이 자식들을 사랑하는 모습에 속아 넘어간 팡틴은 미혼모로 귀향하면 창피를 당할 것이 뻔하자 딸을 테나르디에 부인에게 맡긴다.

그것은 불행한 결정이다. 테나르디에 부인은 비열하고 잔인하며, 그녀의 애정은 남편과 두 딸에게만 국한된다. 그녀의 남편은 한술 더 뜬다. 그에게 코제트는 착취의 대상에 불과하다. 그는 팡틴에게 점점 더 어려운 금전적 요구를 하고 코제트를 하인처럼 취급한다. 음식도 충분히 먹지 못하고, 춥고, 누더기 신세인 그녀는 추해지고 반항적이 된다.

예술적 통일성은 팡틴과 테나르디에 부인의 대면에서 완성된다. 배경은 팡틴이 몽트뢰유로 가는 길의 중간쯤에 있는 집이다. 그러나 아이를 가진 반 처녀, 반 어머니인 그녀가 골고다*로 가는 길 위에 있는 재활의 집이기도 하다. 테나르디에

---

* **골고다**(Calvary): 갈보리. 예수가 십자가에 못 박힌 땅.

부인 역시 재활의 집에 있다. 청춘의 낭만적인 꿈속에서 그리고 자녀들에 대한 사랑에서도 아직 다정할 수 있는 사람이지만 남편의 영향을 받아 자기도 모르게 잔인한 여인이 되기 시작했다. 코제트는 팡틴의 사랑으로 구해지겠지만, 그 아이는 테나르디에 부인의 정신적 파멸을 초래하는 요인이 된다. 의지할 곳 없는 희생자를 제공받은 여인숙 주인의 아내는 그녀가 지닌 모든 최악의 본능에 굴복할 것이고, 코제트는 그녀를 철저히 타락시킬 것이다.

제 5 권 1-7장

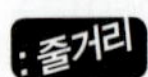

영웅적 행위가 독이 될 줄이야

1818년 몽트뢰유는 이방인 마들렌 덕분에 이전보다 훨씬 더 번창한다. 그가 세운 사업체는 효율적이고 인간적으로 운영된다. 그는 업체 근로자들과 지역사회 전체에 아버지 같은 존재가 되었고, 시장이 된다.

1821년 마들렌의 행운에 어두운 그림자가 드리워진다. 지역 신문은 미리엘 주교의 죽음을 보도한다. 다음날, 상장(喪章)을 두른 모자에 검은 옷을 입은 마들렌이 나타난다.

얼마 후, 마들렌은 영웅적인 행동으로 더욱 마을 사람들의 사랑을 받게 되는 일이 벌어진다. 그는 거리를 걸어가다가 몇 안 되는 적들 중 한 사람인 포시르방이 자기 마차의 바퀴에 깔려 있는 것을 발견한다. 즉각적인 조치를 취하지 않으면 안 되는 상황. 마들렌은 구경꾼들에게 마차를 들어 올리면 후하게 보상하겠다고 제의하지만 굉장한 힘이 필요한 그 일에 아무도 나서지 않는다. 신속하게 구출하지 않으면 포시르방은 목숨을 잃게 될 것이다. 마지못해 직접 구조에 나선 마들렌은 있는 힘을 다해 마차를 들어 올리고 그를 빼내는 데 성공한다.

그런데 그 영웅적 행동이 그에게 불길한 결과를 초래하는 것은 역설적이다. 그 일로 자베르 경감의 의심을 사게 되기 때문이다. 마들렌의 괴력이 그가 툴롱에서 알았던 전과자 장 발장을 생각나게 했던 것.

위고는 자베르를 장황하게 묘사한다. 맡은 바 임무에 헌신적인 경찰관의 전형이며, 청렴하고 용서가 없다. 그는 모든 관계당국에 맹종하며,

같은 이유로 그 어떤 범법자든 모조리 법적 천벌에 처한다.

마들렌으로 변모한 장 발장은 있을 법하지 않은 우연으로, 〈몽테크리스토 백작〉과 유사하지만 심리적·예술적으로는 납득이 간다. 위고의 생각은 이렇다. 아직은 장 발장이 정신적 변화를 경험하기에는 충분치 않다. 따라서 그의 변화는 실제 행동을 통해 검증되어야 하는데, 그 행동 범위가 넓으면 넓을수록 검증은 그만큼 더 만족스럽다.

어쨌든 위고는 이러한 변화가 행복한 결말을 의도한 것이 아님을 분명히 한다. 장 발장은 여전히 위험한 상태이며, 자베르의 존재가 보여주듯 아직도 팡틴처럼 재활중에 있는 것이다.

수백 년에 한 번꼴로, 한 작가가 너무도 개인적이면서 동시에 너무나 보편적이어서 문학상 하나의 새로운 전형이 되는 인물을 이끌어내곤 한다. 초서는 판다루스*를, 빅토르 위고는 자베르를 만들어냈다. 위고는 집요한 추격자, 냉혹하고 청렴한 경찰관이란 잊을 수 없고 무시무시한 인물을 생생하게 그리기 위해 원숙한 예술적 수완을 발휘하여 자베르의 이력, 외

---

* **판다루스**(Pandarus): 초서의 대표작 〈트로일로스와 크리세이드〉에서 이 두 연인을 맺어주는 희극적 인물.

모, 그리고 내적 본바탕을 융합해 놓았다. 자베르의 이런 모습은 일종의 명사(名辭) 모순*이다. 당시 경찰관은 태반이 범죄 세계와 연루된 무샤(mochard), 즉 첩자였기 때문이다.

자베르에게서 가장 무섭다고 느껴지는 부분은 그의 집요함이나 순수성이 아니라 언제나 기계처럼 법의 정신보다는 법의 자구에 따라 일을 처리한다는 사실이다. 이 같은 성향으로 그는 팡틴과 장 발장에게 심한 고통을 주지만 결국에는 그 둘의 약점은 정신적 힘으로, 자베르의 힘은 정신적 약점으로 판명되고 만다.

---

* **명사 모순**(contradiction in terms): 모순된 단어를 사용한 개념 표현.

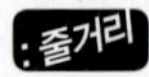 **: 줄거리**

벼랑으로 내몰리는 팡틴의 삶

팡틴은 마들렌의 공장에서 어렵지 않게 일자리를 잡는다. 딸의 고통을 모르는 그녀는 생활이 나아지면서 순간적인 낙천주의가 솟구치는 것을 느낀다. 그다지 숙련되지는 않았지만 먹고 살 만큼 돈을 벌자 그녀는 작은 방을 빌리고 월부로 고물 가구를 들여놓는다. 그러나 그녀의 평온한 수평선에 빠르게 먹구름이 낀다. 그녀가 테나르디에 부부에게 보낸 편지는 같이 일하는 여공들과 마을 참견꾼들의 호기심을 불러일으킨다. 팡틴이 글을 몰랐기 때문에 대서인에게 부탁했기 때문이다. 악의적인 신앙심을 지닌 빅튀미엥 여인이 그 수수께끼를 파고들어 팡틴의 비밀을 알아낸다.

팡틴은 마들렌 모르게 돌연 작업장 여감독에 의해 '부도덕하다'는 이유로 해고된다. 그녀는 시장님이 주셨다며 50프랑을 건넨다. 50프랑은 마들렌이 어려운 여공들을 도우라며 여감독에게 맡겨놓은 돈이었다. 마들렌은 그 돈을 집주인과 고물상에게 나눠준다. 여전히 100프랑의 빚 때문에 마을을 떠날 수 없는 그녀는 집에서 수비대 병사들의 낡은 속옷을 깁는 일을 한다. 그 일로 하루에 12수[*]를 버는데, 딸에게 들어가는 돈이 10수다. 팡틴은 끝없이 일하고 죽기 살기로 절약한다. 그러나 무엇보다 견디기 힘든 것은 마을 전체의 손가락질이다. 처음에는 손가락질에 맞대응하지 못했지만 이내 뻔뻔스러워져 반항적인 태도를 취한다.

---

[*] **수**(sou): 프랑스의 옛 화폐 단위. 1/20 프랑.

상황은 더욱 악화된다. 과로로 건강이 나빠진 그녀는 마른기침으로 괴로워하고 열병에 걸린다. 빚은 쌓이고, 테나르디에 부부는 그녀를 무자비하게 닦달한다. 어느 날 그들은 그녀에게 무서운 편지를 보낸다. 코제트에게 겨울용 모직 치마가 필요하다는 것이다. 값이 최소한 10프랑은 된단다. 그날 밤 팡틴은 이발소에 가서 머리카락을 잘라 팔고 받은 10프랑으로 치마를 사서 부친다. 머리카락을 잘랐기만 후회보다는 오히려 기분이 좋다. "내 아이는 이제 춥지 않지 않을 거야. 내 머리카락을 입혔거든." 불행히도 그 희생은 코제트에게 아무런 도움이 되지 않는다. 테나르디에 부부가 바랐던 것은 돈이지 치마가 아니었던 것이다. 부지불식간에 의표가 찔리자 화가 난 그들은 치마를 딸 에포닌에게 주어버린다. 코제트는 계속 추위로 떤다.

불행은 도덕성도 잃게 만들기 시작한다. 상황을 잘 모르는 팡틴은 자기의 고난을 마들렌 탓으로 돌리고 그를 증오하기 시작한다. 그녀는 될 대로 되라는 심정으로 빈털터리 건달 음악가와 추잡한 관계를 갖는다. 걸핏하면 손찌검을 해대던 그는 싫증이 나자 그녀를 버렸다.

어느 날 새로운 고통거리가 비참한 그녀에게 닥친다. 탐욕스러운 테나르디에 부부가 코제트가 발진티푸스에 걸렸다며 치료비로 40프랑을 청구한 것이다. 팡틴은 터무니없는 요구를 무시하려 하지만 오래가지 못한다. 어느 날 이웃인 마게리트가 슬픔에 잠겨 침대에 앉아 있는 팡틴을 발견한다. 촛불이 팡틴의 얼굴을 밝히자 앞니 두 개가 없는 것이 아닌가. 벼랑으로 내몰린 그녀가 앞니를 판 것이었다.

이제 운명은 가차 없이 그녀를 박해한다. 겨우 목숨을 부지하고 있는 그녀는 지칠 대로 지쳐 있다. 채권자들의 괴롭힘, 악화되는 건강, 그리고 끝없는 일로 그녀는 고갈되어간다. 감옥에서 나오는 값싼 노동력도 그녀의 쥐꼬리만한 벌이를 압박한다. 재기불능의 타격은 테나르디에 부부로부터 온다. 그들은 100프랑을 원하고, 팡틴은 창녀가 된다. 그러나 이것이 끝이 아니다. 그녀는 그녀의 잔에 담긴 고통을 단 한 방울도 남기지 않고 마실 운명이다.

1823년 1월, 동네 사람 바마타부아가 거리에서 구걸하는 비참한 여인을 조롱한다. 그녀가 대꾸하지 않자 격분한 그는 변태성욕자처럼 그녀의 등에 눈덩이를 쓸어내린다. 분노가 폭발한 팡틴이 할퀴고 욕을 하며 대든다. 갑자기 군중 사이에서 자베르가 나타나 그녀를 체포한다. 자베르는 그녀의 애원에도 아랑곳하지 않고 6개월 수감에 처한다.

예고 없이 들어온 마들렌이 조용히 그녀를 석방하라고 자베르에게 말한다. 여전히 그를 오해하고 있는 팡틴이 얼굴에 침을 뱉지만 마들렌은 묵묵히 할 일을 한다. 권위를 무시당한 자베르는 모욕감에 망연자실하여 상관의 명령도 따르지 않는다. 시장이 명시적으로 판사로서의 권한을 발동하자 그때서야 어쩔 수 없이 팡틴을 석방한다. 그녀의 운명을 뒤흔들어 놓는 이 거대한 투쟁 앞에서 정신적 혼란을 느끼던 팡틴은 마들렌이 재정적 도움과 딸을 찾아주겠다고 약속하자 결국 무릎을 꿇으며 실신한다.

팡틴의 몰락은 교묘하게 묘사된다. 금발이 짧게 자른 머리가 되고, 관능적이던 입술은 빠진 이 때문에 오그라들고, 고상한 흰 블라우스가 누더기로 변한다. 이 같은 다소 긴 초기 묘사는 중요하다. 그녀의 등을 타고 내려가는 눈덩이를 표현하는 솜씨는 사실주의의 최고 전통을 따른 것이며, 그 어떤 해설보다 독자로 하여금 사진을 보듯 그 장면 속에 빠져들게 한다. 하지만 위고는 멋쟁이에 관한 대목에서 바마타부아와 펠릭스 톨로미에를 비교함으로써 팡틴의 마지막 고통이 첫 번째 고통처럼 남성적인 허영심과 냉담함의 산물이라는 점을 묘하게 강조한다. 눈덩이 사건은 1841년 위고가 실제로 본 것이었다. 그는 소설에 이용할 최적의 장면을 찾기 위해 20년 이상을 기다려온 것이다.

경찰서 장면은 문학적이라기보다는 사실적이며, 세 명의 주요 인물들을 배치하고 조명하면서 위고는 중세 그림에 등장하는 공통 주제 — 움츠린 존재를 장악하기 위한 천사와 악마 간의 싸움 — 의 영향을 받았을지도 모르겠다. 사실, 중세와 19세기는 일반적인 진리에 반해 지역적인 색깔과 구체적인 것을 선호하는 취향이 많이 비슷하다.

제6-8권

 ## 정체를 밝히는 마들렌

팡틴이 고열에 시달리자 마들렌은 그녀를 자신이 기부한 진료소로 옮긴다. 그는 또한 약속을 지키기 위해 테나르디에에게 코제트를 보내라는 편지를 쓴다. 잇속을 감지한 그들은 금전적인 요구를 하고, 마들렌은 즉각 그것을 들어준다. 팡틴은 수녀들이 헌신적으로 보살피지만 불행히도 차도가 없다. 어느 날 의사가 코제트를 되도록 빨리 데려오라고 말한다. 테나르디에 부부는 코제트를 내놓지 않으려고 버티고 있다. 마들렌은 팡틴의 쪽지를 지니고 직접 가서 코제트를 데려오기로 결심한다.

그러나 파국이 마들렌과 팡틴을 덮치기 일보 직전이다. 자베르가 은밀하게 마들렌의 과거를 조사한 것이다. 자베르는 해임시켜 달라는 놀라운 요구사항을 들고 그를 만나러 온다. 자신이 볼 때 용서받지 못할 범죄를 저질렀다는 것이다. 이야기인즉슨, 그가 마들렌을 전과자 장 발장이라고 고발했지만 진짜 발장을 방금 찾았다. 샹마티유라는 이름으로 행세하는 그자는 과수원 담을 올라가 가지를 부러뜨리고 사과를 훔친 죄로 체포되었다. 신원은 의심의 여지가 없다. 감방 동료 셋이 알아보았을 뿐만 아니라 자베르 자신도 그 피의자가 발장이라고 확신한다. 자기는 다음날 열릴 예정인 재판에서 증언하기 위해 아라스로 떠난다.

자베르가 떠나자 진료소로 간 발장은 여느 때보다 오래 팡틴과 머물고, 수녀들에게 그녀를 특별히 보살펴달라고 부탁한다. 그리고는 마구간으로 가서 다음날 아침 4시 30분에 오라며 튼튼한 말과 마차를 빌린다.

마차가 도착할 때까지 번민하며 뜬눈으로 밤을 지새운 그는 문을 잠그고 입김을 불어 촛불을 끈다. 길게만 느껴지는 한 시간 동안, 그는 공포에 휩싸여 자신이 떨어질 나락을 곰곰이 생각한다. 그리고 운명에 순종해 자신의 안위를 위해 샹마티유를 희생시키기로 하고는 크게 안도하다가 그를 꾸짖는 주교의 모습이 눈앞에 아른거리자 자신을 포기하기로 결심한다. 그는 주변을 정리한다. 그러나 마음속의 싸움이 끝난 것은 아니다. 이런저런 의심과 무시무시한 광경을 떠올리면 결의가 약해지는 것이다. 그의 마음은 다시 바뀐다. 도의적으로도 이번 해결책이 옳은 것 같기 때문에 의지가 더욱 결연하다. 많은 사람들—팡틴, 코제트, 그리고 마을 전체—의 행복을 위해서는 자기가 감옥에 들어가지 않아야 한다는 확신이 그것이다. 그러나 그의 양심은 더욱 고압적이고 꿋꿋하게 재공격에 나서 마침내 그것이 진정한 목소리인 양 방 전체를 가득 채운다. 그는 다섯 시간 동안 끊임없이 마치 게세마니 동산에서의 예수처럼 고통받는다.

세 시에 탈진해서 잠이 든 그는 악몽에 시달린다. 죽은 형이 보이고, 자기는 아무도 없는 마을에서 정체 모를 군중들 사이에 있다. 마차가 도착했다는 하인의 전갈에 불현듯 잠이 깬 그는 잠시 동안 멍한 상태로 듣고 있다가 운명적인 말을 던진다. "알았네, 내려가네."

발장은 신비로운 충동에 떠밀려 아라스로 무섭게 마차를 몬다. 도중에 반대편으로 가던 마차의 바퀴가 그의 마차와 부딪히지만 멈추지 않는다. 새벽녘에는 몽트뢰유를 멀리 벗어나 있었다. 몇 시간 후 말에게 먹이를 주고 쉬게 하기 위해 헤스뎅에 멈추어서야 사고로 바퀴가 부러진 것을 발견한다. 그러나 발장은 포기하지 않는다. 역마차를 타려고 한다. 불가능하다. 말을 빌리려고 한다. 없다. 마차를 빌리려고 한다. 없다. 그는 길게 안도의 한숨을 쉰다. 최선을 다하지 않았는가.

그러나 운명은 그가 비극적 대면을 벗어나도록 내버려두지 않았다. 갑자기 한 노파가 다가와 낡은 마차를 제공한다. 다시 길을 나선 그는 많은 어려움 끝에 저녁 늦게 아라스에 도착한다.

발장은 법원으로 출발한다. 그는 사악하게 생긴 변호사들 사이를 지나 법정으로 들어가려고 한다. 그러나 법정은 만원이었다. 재판장 뒤에 공직자들을 위해 남겨둔 자리만 몇 군데 남아 있다. 발장은 마지못해 몽트뢰유의 시장 자격으로 입장을 요청한다. 그의 명성을 익히 알고 있는 사람들은 대단한 존경을 표하며 그를 환영한다. 그는 판사실로 들어갔다가 공포에 사로잡혀 도망치지만 결국 운명을 감지하고 다시 돌아온다. 그는 문의 청동 손잡이에 최면이 걸린 듯 자동인형처럼 문을 열고 법정에 들어선다. 희미한 어둠 속에 피의자가 있다. 감방으로 돌아간 자기 모습이 고통스럽게 떠오른다. 과거의 타락하고 비참한 자로의 복귀였다. 공포심으로 자리에 깊숙이 몸을 낮춘 그는 상자더미 뒤에서 고뇌를 감춘다.

이어 그는 무고한 사람이 증거의 무게와 가공할 사법기관에 짓밟히는 무서운 광경을 목도한다. 검사의 가차 없는 질문 앞에서 샹마티유는 당혹감이란 가련한 방어수단밖에는 없다.

시장은 자기가 장 발장이라며 재판을 중단시킨다. 그리고는 증인으로 나선 죄수들을 보며 개개인에 관해 상세히 설명하자 비로소 그들도 장 발장을 알아보게 된다. 너무나 놀란 방청객들은 아무도 마들렌(발장)이 법정에서 나가는 것을 막지 못한다. 누군가는 그에게 문을 열어주기까지 한다.

몽트뢰유에 돌아온 발장은 진료소로 직행한다. 예고 없는 발장의 방문에 놀란 심플리시티 수녀는 그의 모습에 더욱 놀란다. 머리카락이 하얗게 셌기 때문이다.

팡틴의 방으로 들어간 그는 자고 있는 그녀를 유심히 지켜본다. 그녀 역시 변했다. 죽음이 임박한 그녀는 영묘하게 빛났고 표현할 수 없는 고요함이 깃들어 있다. 잠에서 깬 그녀는 놀라지도 않고 마들렌을 바라보며 기대에 차서 애처롭게 묻는다. "그런데 코제트는요?" 그는 웅얼거리며 명확한 대답을 피한다. 다행히 의사가 나서서 팡틴에게 딸이 여기 병원에 있지만 엄마가 나을 때까지는 면회가 허용되지 않는다며 거든다. 팡틴은 거짓말에 위안을 받지만 점점 흥분해 딸 이야기를 시작했다가 갑자기 말을 멈추고 마들렌 뒤를 가리킨다. 돌아서니 자베르가 그곳에 서 있다. 자베르는 악마 같은 환희의 표정으로 시장에게 동행을 요구한다.

발장이 응하지 않자 자베르가 멱살을 잡는다. 발장은 저항하지 않고 조용한 목소리로 자베르에게 코제트를 데려올 수 있도록 사흘만 달라고 요청한다. 자베르는 조롱하듯 큰소리로 거부한다. 아직 딸이 도착하지 않았고 시장이 범죄자란 사실을 알게 된 팡틴은 경련을 일으키며 그 충격으로 사망한다.

자베르가 그녀를 살해한 것이나 마찬가지라고 생각한 발장은 무서운 노여움에 사로잡힌다. 자베르를 뿌리친 그는 죽은 팡틴에게 묵묵히 작별 인사를 건네며 귀에다 대고 낮은 소리로 약속을 한다. 이어 그는 자베르에게 몸을 맡긴다.

발장의 체포 소식은 몽트뢰유 전역으로 급속히 퍼진다. 그가 번영을 가져다주었던 그 마을은 너나없이 그를 배척한다. 그의 늙은 하인만이 주인에게 충성을 바친다. 저녁에 그 하녀가 주인의 비극을 곰곰이 되짚고 있을 때 갑자기 나타난 발장이 감방 창살을 부러뜨리고 탈옥했다며 심플리시티 수녀를 모셔오라고 부탁한다. 그는 덧문이 닫힌 그의 방에서 꼬마 저베의 동전과 주교의 촛대를 싼다.

하녀의 전갈을 받은 심플리시티 수녀가 길을 나서고, 자베르가 곧 뒤를 따른다. 자베르는 하녀의 항의에도 아랑곳 않고 결연히 계단을 올라간다. 무릎을 꿇고 기도를 시작한 심플리시티 수녀는 자베르가 들어와도 멈추지 않는다. 자베르는 물러서고 싶은 생각이 들었지만 직업적 양심이 가만두지 않는다. 그는 수녀에게 발장을 본 적이 있는지 두 차례 묻는다. 거짓말 한 적이 없는 수녀는 두 번 모두 '본 적이 없다'고 대답한다. 이처럼 성직자가 딱 부러지게 부인하자 자베르는 만족스러워하면서 더 이상 묻지 않는다.

1시간 후 발장은 파리를 향해 걸음을 재촉한다. 팡틴은 생전에 마구잡이 삶을 살았듯이 죽어서도 망자들과 뒤섞여 공동묘지에 묻힌다.

장 발장은 때때로 '예수의 모습'으로 이야기된다. 위고는 마들렌의 조용한 내적 투쟁을 예수가 십자가에 못 박히기 전날 밤 게세마니 동산에서 겪은 고통과 비교하면서 유사성을 강조하는 것 같지만 사실 정확한 비교는 아니다. 장 발장은 처음부터 끝까지 인간이고, 그가 운명, 사고, 그리고 타인들에 대한 책임을 자신의 골고다를 피하기 위한 핑계로 이용하려고 드는 모습은 인간 그 이상도 그 이하도 아니다. 그가 아라스에 가는 것도 다른 사람을 위해 희생하겠다는 의식적인 결정의 결과라기보다는 가지 않으면 가치 있는 삶을 살 수 없다는 그의 꿈이 일깨워준 본능적인 인식 때문이다. 바로 정신적으로 죽은 사람이 될 테니까.

그가 정체를 밝히는 법정 장면은 제1부의 완벽한 결론이며, 서두에 있었던 장 발장과 주교의 만남과 똑같다. 하지만 샹마티유는 사회의 박해를 받은 무지몽매한 희생자이고, 장 발장의 돌연 희어진 머리는 그가 디뉴의 주교의 성자다움을 이어받았다는 사실을 강조한다.

제 2 부

코제트

제 1 권

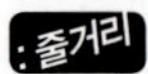 **워털루 전투**

위고는 워털루의 지형, 나폴레옹이 첫 패배를 맞은 유고몽 농장, 군사적 고려사항 및 황제의 개성 같은 주변 문제들을 언급한다.

이어서 그는 워털루 전투에 대한 연대기적인 서술에 들어간다. 때는 1815년 6월 18일 오전. 나폴레옹은 계획에 방해가 되는 전날 밤의 비에도 불구하고 자신감이 충만하다. 군대가 전투태세를 갖추고, 전략이 결정된다. 공격 명령을 내린 그는 여느 때처럼 적의 간담을 서늘케 하는 타격을 기대하지만 영국군의 저항이 의외로 완강하다. 웰링턴 장군을 몽 생 장 고원에서 패퇴시키려던 나폴레옹은 어마어마한 손실을 입는다.

황제는 병력 3,000명인 밀로의 흉갑기병대에게 명령한다. 네이 원수가 이끄는 기병들은 영국군을 향해 거대한 석상처럼 질주한다. 그러나 운명의 여신이 개입하여 그들 앞길에 멀리서는 발견할 수 없는 움푹 꺼진 길이 놓여진다. 나폴레옹 군대는 멈추지 못하고 곤두박이로 처박힌다. 사람과 말이 뒤엉켜 아군이 밟고 건너는 살아 있는 다리가 된다. 영국군 포병은 생존자들을 향해 포를 계속 퍼붓는다.

연대의 잔존 병력은 공격을 멈추지 않고 적군에 맹렬히 돌진한다. 영국 보병은 무서울 정도로 침착하게 잘 방어하지만 전투 대형에 심각한 타격을 입는다. 웰링턴이 휘하 기병에게 후방으로부터 공격을 명하자 흉갑

기병대는 갑자기 수세에 몰리면서 대대적인 살육이 전개된다. 삽시간에 흉갑기병대는 600명을 잃고, 영국의 전투 대형은 13개에서 7개로 줄어든다.

양측의 전력은 크게 약화되지만, 웰링턴의 손실이 가장 크다. 기병은 궤멸되었고 포는 대부분 작동불능 상태가 되어 병사들은 공포에 사로잡힌다. 다섯 시, 그는 침울하게 한 마디 한다. "블뤼허(그날 일찍 합류하게 되어 있는 프러시아 증원군)냐 오늘밤이냐로군."

잠시 후 기적적으로 지평선 위에 착검 대오가 번쩍인다. 전날의 비로 묶여 있던 블뤼허의 군대가 도착한 것이다. 증원군의 개입으로 전세가 역전된다. 프러시아군의 포격과 심기일전한 영국군의 총탄 사이에 끼여 프랑스 군의 공세는 패주, 재난, 몰살로 변한다.

그러나 프랑스군은 굴하지 않는다. 나폴레옹은 황실 근위대를 영국군에 맞서도록 보낸다. 패퇴의 물결 속에서도 적군에 결연히 대항하며 전진하던 친위대는 한 대열씩 쓰러지더니 결국 전멸한다. "단 한 사람도 자살과의 약속을 어기지 않았다." 이후 공포심이 극에 달한 프랑스 군대는 지리멸렬한 오합지졸이 되고, 무자비한 블뤼허 군대에 쫓기며 시골 들판을 전전한다.

역사의 흐름에는 중요하지 않지만 불멸의 인간정신을 생생하게 보여주는 한 가지 사건이 있다. 패색이 짙은 데도 항복하지 않고 저항하던 소수의 병사들 속에 캉브론이라는 장교가 있었다. 그는 영국군의 항복 권유에 한 마디 욕으로 응수한다. 죽음을 두려워하지 않은 것이다.

프랑스 군의 패배 이후 전장은 시체 청소부들에게 맡겨진다. 가장 부지런히 움직이는 치들 속에 꼼꼼하게 시체들을 벗기는 테나르디에라는 사람이 있다. 갑자기 뒤에서 손 하나가 그를 잡는다. 살려달라고 애원하는 한 장교의 손이다. 테나르디에는 조용히 시체들로부터 그를 옮기고 그의 귀중품들을 호주머니에 챙긴다. 얄궂게도 퐁메르시라는 그 장교는 테나르디에가 목숨을 구해 주었다고 생각하고 이름을 물으며 결코 은혜를 잊지 않겠다고 말한다.

일부 비평가들이 보기에 워털루 전투의 묘사는 그저 19세기적 만연체의 전형적인 예에 불과할지 모르지만 〈레미제라블〉에서는 중요한 부분이다. 장 발장을 박해하는 사회는 돌이킬 수 없을 만큼 잔인하지는 않다. 그 사회는 혁명이 보여 주었듯 변화할 수 있고, 가난한 사람과 박해받는 사람들을 위해 급진적인 변화가 가능하다. 나폴레옹 1세는 비록 독재자였지만 그 혁명의 소산이었고, 혁명의 일부 자유주의적 · 사회적 진보를 공고히 했다. 워털루 전투의 패배와 부르봉 왕조의 복귀로 인해 사회 발전은 저지되었고, 장 발장, 팡틴, 코제트, 그리고 그들과 같은 수많은 사람들은 다시금 도외시되었다. 그러나 그들의 운명은 필연적인 것이 아니다. 역사는 다시금 워털루의 결과를 뒤엎기 위해 개입할지 모르며, 그렇게 되도록 고취하는 것이 〈레미제라블〉의 집필 목적 중 하나다.

더욱이, 1권의 서사시적 특성은 소설 전체의 서사시적 특성을 강조한다. 똑같은 변덕스러운 운명이 나폴레옹 1세와 마들렌의 계획을 무참하게 좌절시키고, 워털루의 병사들과 장발장은 똑같은 맹목적 결의와 가공할 용맹성으로 운명과 싸운다. 새가 노래하고 둑에는 제비꽃이 피어 있는 유고몽 농장 문을 통해 작가가 우리를 이끌 때부터 우리는 위대한 시인의 수중에 놓인 것이다. 그 시인은 일상생활의 색조는 물론 전쟁의 색조에도 민감해서 연민과 공포 둘 다에서 풍자와 아름다움을 본다.

제 2 권

바다로 떨어진 장 발장

발장은 자유를 그다지 오래 향유하지 못한다. 그는 탈옥 대엿새 후 다시 체포되어 툴롱의 갤리선으로 보내진다. 그러나 발장의 탈옥이 있고 며칠 후 우리의 이야기와 무관하지 않은 사건이 몽페르메이유 인근에서 일어난다. 매일 일찍 일을 마친 늙은 도로공사 인부 블라트뤼엘이 숲속 외딴 곳에서 뭔가를 찾는 듯이 돌아다닌다. 미신을 믿는 할머니들이 볼 때 그는 악마의 보물을 찾고 있는 것이다. 사탄이 숲에다 금을 감추었다는 전설이 있기 때문이다. 그러나 테나르디에(지금은 몽페르메이유의 여인숙 주인) 같은 무신론자는 그 사람이 사탄의 금보다 더 값나가는 뭔가에 정신이 팔려 있다고 생각한다. 테나르디에는 학교 선생을 시켜 블라트뤼엘에게 술을 자꾸 권해 약간의 흥미로운 정보를 빼내게 한다.

어느 날 아침, 일하러 가던 블라트뤼엘은 숨겨져 있던 삽과 손도끼에 걸려 넘어진다. 그 후에 우연히 한 사내와 마주쳤는데 그는 여러 해 전 함께 복역했던 감방 동기였고 작은 상자를 소지하고 있었다. 경찰은 장 발장이 탈옥한 이후 몽페르메이유 부근에 있다고 추정했다. 우연의 일치 치고는 흥미로운 사실이다.

같은 해인 1823년 1월 말 경, 배 한 척이 수리를 위해 툴롱 조선소에 정박한다. 그 통상적인 작업은 갑작스러운 사고로 엉망이 된다. 배 위 높은 곳의 삭구에서 일하던 선원이 발을 헛디뎌 밧줄을 잡고 간신히 추락을 모면한다. 활대로 오르지 못하는 그는 줄 끝에 돌덩이처럼 매달려 있다.

언제 떨어져 죽을지 모르는 위급한 상황. 아무도 그를 도우려 나서지 않는다.

갑자기 그 배에 배속된 죄수 하나가 달려가 눈 깜짝할 사이에 고양이처럼 민첩하게 삭구로 올라간다. 잠시 멈춘 그는 활대 끝까지의 거리를 잰 다음 달려가 밧줄을 매고 몸을 낮춰 파리를 잡는 거미처럼 절박한 상황에 처한 그 선원에게 다가간다. 선원이 손을 잡을 수 있는 거리에 들어오자 그는 선원의 몸에 밧줄을 감고 안전하게 들어올린다.

그러나 구조자 자신은 그리 운이 좋지 않았다. 작업장으로 돌아가던 그는 중심을 잃고 바다로 떨어진다. 즉각 네 사람이 그를 구조하기 위해 보트를 내리지만 흔적도 없다. 다음날 지역 신문들은 장 발장의 죽음을 발표한다.

장 발장의 영웅적인 선원 구출은 툴롱에서 실제로 발생했던 어떤 죄수의 구조 작업을 목격한 친구의 이야기에서 따온 것이다. 사실주의 작가들은 종종 당대의 사건에서 소재를 얻었다. 예를 들어, 플로베르의 〈보바리 부인 *Madame Bovary*〉은 한 시골 의사 부인의 자살을 보도한 신문 기사를 바탕으로 했던 작품이다. 위고는 이와 동일한 장에서 가짜 신문 보도를 이용해 이야기에 '신빙성'을 불어넣는다.

사실이든 허위든 소설에서 신문 기사를 이용한다고 해서 반드시 확신을 더해 주는 것은 아니다. '실제 삶'을 제아무리

채워 넣더라도 예술적·심리적으로 탄탄하지 못한 소설을 살려내지는 못한다. 그러나 그 소설이 다른 방식으로 만족을 줄 경우 그런 기법들은 신빙성이라는 환상을 더욱 공고히 해준다.

역사 소설의 독자들이 알다시피 갤리선으로 보내지는 죄수들은 목재 전투선에서 노꾼으로 썼다. 이 전투선들은 돛이 있지만 바람이 없거나 위기가 발생했을 때 기동하려면 노의 힘이 필요했다. 죄수들은 각종 악천후에 노출되었고, 의자에 쇠사슬로 매여 있어 종종 배와 함께 수장되었다. 18세기 초에 이미 구식이 된 이런 배를 1823년에 장 발장이 탔다는 사실이 독자들에게는 놀라울 수도 있다. 그러나 당시 '갤리선 선원들'은 노를 젓지 않았고, 마르세유, 툴롱, 로슈포르, 브레스트의 해군 조선소에서 선박용품을 옮기고 함선을 수리했다.

제3권

장 발장, 코제트를 찾다

크리스마스 이브의 몽페르메이유. 테나르디에 여인숙에서 남편은 손님들과 술을 마시고, 아내는 음식을 지키고 있다. 코제트는 항상 그렇듯 벽난로 가까이의 탁자 밑에 웅크리고 있다. 누더기에다 나막신에 다리도 맨살인 그녀는 테나르디에의 딸인 에포닌과 아젤마에게 줄 털양말을 짜고 있다. 이층에서는 새로 태어난 사내 아기가 울고 있지만 엄마는 그 아이를 싫어하고 보살피지도 않는다.

코제트는 뜨개질을 하면서 침울한 생각에 잠긴다. 갑작스럽게 나그네 네 명이 도착한다. 그녀는 주전자에 물을 채워야 했다. 그것은 아마도 집에 물이 떨어졌다는 의미일 것이다. 코제트에게는 여간 불안한 상황이 아닐 수 없다. 깜깜한 밤중에 멀리 떨어진 우물에 가서 양동이에 물을 길어 와야 하는 것이다. 유감스럽게도, 최악의 두려움이 현실로 나타난다. 한 장사꾼이 자기 말에 물을 먹이지 않았다고 성을 내며 불평해대자 테나르디에 부인은 코제트에게 물을 길어 오라고 한다. 나중에 생각이 났던지 그녀는 빵 한 덩어리도 사오라고 동전 한 닢을 건넨다.

물 길러 가는 길은 처음에는 갈 만하다. 읍내는 사육제 노점들이 들어차서 그 촛불들이 빛을 비춰주기 때문이다. 그리고 짧지만 기쁨도 있다. 그녀는 어떤 가게에서 근사한 인형을 보고 좋아 어쩔 줄 모르며 감탄하는 것이다.

그러나 그곳을 벗어나자 밤은 더욱 깊어지고 마지막 명멸하는 빛은

숲가에서 사라진다. 주위는 유령, 동물, 미지의 공포 같은 무시무시한 모습으로 변한다. 겁에 질려 허겁지겁 양동이에 물을 담는 그녀는 동전이 샘으로 떨어지는 것도 모른다.

돌아오는 길은 너무 느려 괴로울 정도다. 그녀는 양동이가 너무 무거워 몇 발자국 걷지 못하고 쉬고, 몇 발자국 걷지 못하고 쉬기를 반복한다. 어느 순간 갑자기 물동이가 가벼워진다. 뒤에서 어떤 아저씨가 나타나 수호천사처럼 말없이 양동이 손잡이를 그녀 손에서 빼낸 것이다. 막 파리에서 온 그 낯선 사람은 지치고 슬픔에 잠긴 모습에 가난이 묻어났지만 상류층 옷차림이다. 마차에서 내린 그는 마을로 가지 않고 숲속으로 들어갔다가 코제트를 보았던 것이다.

낯선 남자는 코제트와 함께 여인숙까지 가면서 그녀가 가슴 아픈 이야기를 하도록 유도한다. 그녀의 이름이 코제트라고 하자, 그는 놀라는 것처럼 보인다. 여인숙에 도착했을 때 코제트의 조심스런 제의에 따라 그는 성마른 테나르디에 부인에게 그녀가 매를 맞지 않도록 물동이를 돌려준다. 테나르디에 부인은 코제트를 심술궂은 눈으로, 낯선 남자는 호감이 가지 않는 용모 때문인지 거만하게 맞는다. 그러나 그는 자신에 대한 접대나 코제트가 기계적으로 가져온 포도주에는 개의치 않는다. 그의 관심은 온통 그 아이에게 집중된 것 같다.

불현듯 테나르디에 부인은 빵이 생각난다. 코제트는 필사적으로 그녀의 분노를 피해 보려고 빵집이 문을 닫은 것처럼 둘러댄다. 그러나 돌려줄 동전을 찾을 수 없다. 낯선 사람이 한 번 더 개입한다. 그는 바닥에서 동전을 줍는 시늉을 하고는 테나르디에 부인에게 호주머니에서 꺼낸 20수를 건넨다. 그의 친절은 여기서 그치지 않는다. 테나르디에의 딸들은 아무 걱정 없이 놀고 있는데, 코제트는 부지런히 뜨개질을 하고 있다. 측

은한 생각이 든 그는 완성되지도 않은 양말을 무려 5프랑에 구입해 지루한 일감을 덜어준다.

어린 소녀들은 갖고 놀 장난감이 필요하지만 코제트는 없다. 테나르디에 아이들이 고양이와 놀려고 잠시 인형을 멀리하자 코제트가 슬그머니 그것을 잡는다. 그 모습을 목격한 테나르디에 부인이 광란의 폭풍우처럼 폭발한다. 코제트는 절망하고 무서워 양손을 쥐어튼다. 그때 낯선 남자가 믿기지 않는 일을 한다. 그는 여인숙 밖으로 나가 마을 가게에서 근사한 인형을 사가지고 와 코제트에게 준다. 주위 사람들은 놀라고, 테나르디에 부인은 할말을 잃는다. 코제트는 감탄하며 인형을 바라본다.

이어 그는 혼자 생각에 빠지고 훨씬 후에 이제는 아첨을 떠는 테나르디에 부인의 안내를 받으며 방으로 돌아간다. 그러나 그는 방으로 가기 전에 한 가지 선행을 더 베푼다. 테나르디에 부인은 벽난로 가까이에 놓인 딸들 구두에 10수짜리 동전을 넣어준다. 그 옆에는 낡고 흙 묻은 빈 나막신이 있다. 나그네는 그 안에 빛나는 금화를 넣고 살며시 잠자리에 든다.

다음날, 이 낯선 남자가 방문 목적을 밝히고 테나르디에 부인에게 코제트를 데려가겠다고 제의하자 열렬히 반긴다. 그러나 그녀의 남편은 욕심이 더 많다. 그는 애정 넘치는 아버지인 체하며 소중히 여기는 아이를 포기하지 않겠다고 한다. 그는 남자가 1,500프랑을 주고 나서야 코제트를 내놓는다. 남자는 코제트의 손을 잡는다. 아이는 마음이 놓이는 듯 그를 따라 여인숙을 나선다.

그런데 한 가지 복잡한 일이 또 벌어진다. 아내의 부추김을 받은 테나르디에가 돈을 더 뜯어낼 수 있는지 보려고 두 사람을 쫓아온 것이다. 발장은 최후의 방편으로 팡틴의 쪽지를 보여주지만 여전히 거리를 두고 따라온다. 발장은 지팡이를 위협적으로 들면서 코제트를 데리고 숲속으로 사라진다.

또다시 테나르디에 부부가 등장한다. 우리는 이들이 이

소설에서 중요한 인물이며 앞으로도 그럴 것임을 인식한다. 짐승에서 성인의 위치로 오르는 사람을 나타내는 장 발장과는 대조적으로 테나르디에 부부는 인간성을 상실하고 야수가 되어가고 있다. 위고는 그들의 외모를 부분적으로 상세하게 묘사해 이를 통해 인간 내면의 진실성을 암시하는 통상의 사실주의적이고 자연주의적인 기법을 사용한다. 위고가 테나르디에 부인의 됨됨이, 기력, 큰 목소리, 주근깨, 턱수염, 뻐드렁니에 대한 묘사를 끝낼 때쯤 독자는 그녀가 괴물 같다는 것을 알 수 있으므로 더 이상의 설명은 필요가 없는 것이다.

위고는 테나르디에에 관해서는 외모 이상의 부분에까지 확대한다. 그의 특징적인 태도, 몸짓, 말씨에 대해 세부적인 내용을 덧붙이며 위선적인 사기꾼이라는 말까지 한다. 그러나 모든 것이 예리한 관찰자가 추론할 수 있는 정도를 벗어나지 않으며, 그의 '내면'으로는 들어가지 않으려고 신중을 기한다. 위고가 "우리는 믿는다"며 그 남자의 과거를 상세하게 말하지만 추측일 뿐이다. 그리고 "테나르디에에게는 어떤 수수께끼 같은 게 있었다"고 결론짓는데, 바로 이 점이 그를 그토록 무서운 인물로 만드는 것이다.

코제트에 관해서는 어린 시절의 가장 흔하고 생생한 경험—어둠에 대한 두려움—의 측면에서 지난 5년의 삶을 요약한다. 그러나 그 두려움의 강도가 너무 커서 다른 수천 개의 표현되지 않은 진짜 공포에 대해서는 듣지 않고도 실체를 알

수 있다. 밤에 대한 코제트의 두려움은 절대적인 고독과 비인 간적인 대우로 인해 마음속에서 일어나는 두려움이 밖으로 나타난 것에 불과하다.

19세기 프랑스에는 버려진 아이들이 많았다. 이들은 산업 사회에서 더 이상 필요 없는 불합격품들이다. 팡틴도 버려진 아이였고, 이름은 그저 '어린애'란 뜻이었다. 그녀는 마을에서 길렀다. 농업 사회에서는 아이가 양을 돌보거나 닭에 모이를 주는 등등, 제 밥벌이를 할 수 있기 때문이다. 그러나 19세기 도시에서는 어린이가 집안의 경제적 부담을 덜어줄 방법이 없었고, 부모들은 일을 하기 위해 종종 아이들을 유기했다.

운 좋게도 코제트는 여인숙에서 쓸모가 있었다. 테나르디에 부인은 그 악명 높은 19세기의 보모들과 똑같은 성미를 가졌다. 그들은 원치 않는 아기를 돌봐주고 보수가 나오지 않으면 재빨리 그 아이를 갈색 종이로 싸서 강에 버렸다.

그러나 위고는 코제트에게 보상을 한다. 그녀의 산타클로스는 늙은 죄수에 불과할지 모르지만 동화와 똑같은 선물 — 세상에서 가장 큰 인형과 벽난로 밑의 금화 — 을 가지고 온다. 더욱이 그 크리스마스의 기적은 계속될 것이다. 위고가 지금 펼치는 이야기는 세상에서 가장 오래된 이야기들 중 하나지만 언제 들어도 만족스럽다.

제 4, 5 권 1-5장

평온한 시간은 이내 끝이 나고

발장은 파리 변두리 지역의 낡은 집에 은신한다. 다른 입주자라곤 관리인 역할을 겸하는 노파뿐이다. 코제트는 손녀로, 그는 운 나쁜 투자로 망한 자본가 행세를 하며 조용히 그리고 마침내 행복하게 살아간다. 그는 오랫동안 억눌러 왔던 엄청난 애정을 코제트에게 쏟아 붓고, 그 아이도 똑같은 사랑으로 보답한다. 그는 아이에게 책읽기를 가르치거나 인형놀이 하는 것을 지켜본다. 코제트는 놀고, 재잘대고, 노래한다.

세상은 그를 잊은 것 같지만 그는 경계의 끈을 놓지 않는다. 그는 때론 코제트와 때론 혼자서 밤에만 외출하고, 언제나 뒷골목과 인적이 없는 동네를 택한다. 그리고 교회에 나가거나 걸인에게 적선할 때만 사회와 접촉한다.

그러나 평온한 생활은 오래가지 못한다. 지칠 줄 모르고 캐묻기 좋아하는 늙은 관리인이 그의 일거수일투족을 지켜보는 것이다. 어느 날 그녀는 문틈으로 발장이 코트의 안감에서 1,000프랑짜리 지폐를 꺼내는 것을 목격한다. 잠시 후, 발장이 그녀에게 다가가 배당금으로 받은 돈이라며 바꿔달라고 말한다. 그러나 그가 밤에만 외출하기 때문에 그의 말은 믿기 어렵다. 며칠 후 노파는 잠시 방이 빈 틈을 타서 그 코트를 살펴보기 위해 살그머니 안으로 들어간다. 당연히 안감은 지폐로 꽉 차 있고 호주머니에는 바늘, 가위, 가발 같은 의심스러운 물건들이 들어 있다.

밤산책길에 발장은 근처 우물에 앉아 있는 늙은 걸인에게 꼬박꼬박

몇 푼씩 건넨다. 어느 날 저녁 발장은 늘 해오던 대로 돈을 주려고 하다가 걸인이 고개를 들자 낯익은 자베르의 얼굴을 보는 것 같아 소스라치게 놀란다. 다음날 밤 확인하기 위해 다시 가보지만 전부터 알고 지내던 바로 그 순진한 걸인이다.

며칠 후 저녁, 발장은 앞문이 여닫히고 누군가가 층계를 올라와 자기 방 문 앞에 서는 소리를 듣는다. 다음날 아침, 다시 발자국 소리가 들린다. 열쇠 구멍을 통해 내다보니 무시무시한 윤곽이 영락없는 자베르이다. 그날 저녁, 그는 현찰을 돌돌 말고는 코제트 손을 잡고 숙소를 떠난다.

19세기 소설은 내용을 천천히 음미하도록 되어 있으며, '다음에 생길 일'을 알아보려고 서두르지 않는다. 제4권 1장은 시간이 남아도는 독자에게 제공할 수 있는 즐거움의 좋은 본보기다. 위고는 1823년과 1860년대 파리의 한 구역에 대해 흥미롭고 역사적인 묘사를 해주며, 빠른 교통수단이 환경과 느낌을 바꿔놓는 그 마법과도 같은 신속성에 대해 예리하고 재치 있게 언급할 뿐만 아니라, 도시 지역의 독특한 모습ー'지옥 같은 단조로움'ー을 시적인 표현으로 불러내기도 하는데, 이는 여전히 콘크리트 주유소, 중고차와 트레일러 주차장들, 그리고 네온사인들이 늘어선 오늘날의 지역과 완벽하게 부합한다.

그러나 위고의 도시는 발자크나 에밀 졸라의 작품에서 묘사되듯 진정 도회적이거나 상업적·사회적 관계가 밀집된 중심지가 아니다. 샘물가 장면에서처럼 위고의 성격이 때때로 인간적인 속성을 띠는 것 같다면 그의 도시 역시 종종 전원적인 측면이 있다. 장 발장에게 파리의 미로 같은 거리는 정글이고, 가로등 기둥은 정글의 나무, 광장은 개간지가 된다. 위고는 파리 한복판의 페이앙틴 공원 건너편에서 자란 소년의 눈으로 아직도 그 도시를 숨바꼭질하기 안성맞춤인 곳으로 볼 때가 있다.

제5권 6-10장

포시르방의 보은

장 발장은 쫓기는 사슴처럼 파리 뒷골목을 요리조리 빠져나간다. 목적지도 없고, 계획도 없다. 그저 자베르의 추격을 따돌리기만 하면 된다. 미로와 같은 탈출로는 그를 자유의 길이 아닌 경찰서로 인도한다. 경찰서에서는 세 명의 원군을 규합한 자베르가 경보를 울린다.

발장은 황급히 물러나와 이내 추격자들을 혼란에 빠뜨린다. 아우스터리츠 다리에 이른 그는 톨게이트에서 지체하다가 문지기에게 발견된다. 그는 앞만 보고 도망치지만 코제트가 탈진하는 바람에 계속 나아가지 못하고 갇힌다. 그가 가고 있는 거리는 다른 길과 'T'자를 이루는데, 오른쪽은 막다른 골목이고 왼쪽은 경찰 망루로 막혀 있는 것이다. 그의 뒤에는 보이지는 않지만 공포스런 존재인 자베르가 냉혹하게 따라온다.

미친 듯이 탈출구를 찾던 발장은 은신처가 될 만한 커다란 건물을 발견한다. 그러나 창문에는 창살이 있고, 배수관은 낡았으며, 문들은 굳게 닫혀 있다. 죽기 살기로 벽을 오르기로 결심한 그는 기적적으로 밧줄을 발견하지만 이 밧줄로 인해 가스등이 그들을 쉽게 비출 수 있다. 그는 밧줄을 잘라 코제트의 몸에 동여매고 다른 쪽을 입에 물고는 신발과 양말을 벽 너머로 던진 다음, 벽이 다른 건물과 각을 이루는 곳에서 마치 밤도둑처럼 기어오른다.

꼭대기에 다다른 그는 코제트를 위로 잡아올리고, 벽과 비스듬히 맞닿은 건물 지붕 위로 뛰어올라서는 나무를 타고 내려가 정원에 도달한다.

밖에서는 자베르의 절박한 호통 소리가 들린다. 발장이 들어간 정원은 넓고 음산하다. 창살 박힌 창문들이 있는 큰 건물과 멀리서 다른 건물들의 윤곽이 나타난다. 갑자기 영묘한 합창대의 소름끼치는 찬송가 소리가 정적을 깬다.

겨울바람이 불기 시작하자 코제트가 추위에 떤다. 그녀를 코트로 감싼 발장은 더듬더듬 발길을 옮기기 시작한다. 창문을 들여다보던 그는 섬뜩한 광경에 몸이 얼어붙는다. 텅 빈 방에 사람의 형체 같은 것이 팔은 십자가 모양을 하고 수의에 덮인 채 꼼짝 않고 엎드려 있는 것이 아닌가.

그는 겁에 질려 숨을 몰아쉬며 잠들어 있는 코제트에게로 돌아와 옆에 앉는다. 사랑스럽게 아이를 응시하던 그는 작은 벨소리를 듣게 된다. 한 사내가 멜론 밭에서 종소리에 맞춰 몸을 굽혔다 폈다 하면서 혼자 절름거리고 있다. 그러나 발장은 그 이상한 모습을 살펴볼 겨를이 없다. 코제트의 손이 거의 얼어버린 것을 알아차렸기 때문이다. 코제트는 그가 우려한 것처럼 죽지는 않았지만 숨소리가 가냘프다. 빨리 따뜻하게 녹여주고 침대를 구해 주어야 한다.

발장은 주저하지 않고 정원에 있는 그 남자에게 가서 소리친다. "오늘밤 우리에게 잠자리를 제공하신다면 100프랑을 주겠소." "아, 당신이로군, 마들렌." 뜻밖에도 마치 옛 친구인 듯한 대답이 돌아오자 발장은 깜짝 놀란다. 전에 마차에서 구해 주었던 포시르방 노인이다. 포시르방은 이곳이 프티-픽퓌의 수녀원 정원이며, 자기는 이곳 정원사라고 설명한다. 그는 목숨을 구해 준 '마들렌' 씨에게 아직도 감사하며, 발장의 신분이 탄로 나기 전에 몽트뢰유을 떠났기에 선뜻 이 일을 비밀로 할 뿐 아니라 은신처도 제공하겠다고 말한다. 그가 사는 오두막의 따뜻한 침상 덕에 코제트는 의식을 회복하고, 발장도 한 잔의 포도주와 소박한 음식으로 원기를 찾는다.

그들이 편안히 쉬고 있는 동안, 위고는 자베르가 발장을 찾은 경위를 설명한다. 여기에는 정말 아무런 수수께끼도 없다. 발장이 '익사했을' 때, 경찰은 그가 탈출했을지도 모르며, 많은 도망자들처럼 파리로 향할 것라고 생각했다. 자베르는 발장과 안면이 있기 때문에 추격을 돕기 위해 파리로 소환되었고, 그 후 열정과 지능에 힘입어 파리 경찰국 요원으로 임명되었다. 얼마 후, 그는 몽페르메이유의 테나르디에 부부로부터 코제트가 유괴되었다는 신고를 접했다. 코제트를 데려간 사람이 장 발장이라고 의심하던 자베르는 이후 고보 하우스에 한 늙은 자본가가 살고 있으며 그의 '손녀'가 몽페르메이유에서 왔다는 사실을 알게 되었다. 장 발장이란 심증을 굳힌 그는 어느 날 저녁 늙은 거지로 위장하고 확인하기에 이른다.

다시 한 번 장 발장은 디뉴와 몽트뢰유에서 도피한다. 그러나 이번에는 그의 그림자가 다르다. 아이를 데리고 가기 때문이다. 이제 그는 나홀로 도둑이 아니라 성 크리스토퍼[*] 같은 모습을 취하게 되어, 그가 어떤 사람이냐가 아니라 그가 무엇을 어깨에 메고 그 짐을 어떻게 지는가에 의해 정의된다. 그러나 위고가 지적하듯, 장 발장의 짐은 그 자체가 보상이다. 코제트를 맡으면서 그는 책임을 예상하지만 사랑을 얻는다. 장

---

[*] **성 크리스토퍼**(St. Christopher) : 소아시아에서 순교했다고 전해지는 여행자와 운전자의 수호 성인. 그리스어 Christophoros는 "그리스도를 어깨에 메고 간다"는 뜻.

발장은 성인의 길을 밟아가는지도 모르지만 전과 기록으로 사회가 그를 차단하기 때문에 사회적 인간으로서는 발육이 저지된다. 코제트 역시 잔인함과 무관심 때문에 성장이 저지되었다. 그러나 그들은 함께 그들만의 사회를 형성하고 서로를 사랑하는 경험을 통해 마음과 정신을 넓혀간다.

제2부를 통틀어 위고의 어조는 암울하며, 코제트의 우물 행과 '야간 추격' 이야기에서 우리는 주교의 침실 장면(제1부)을 닮은 이따금 빛이 비치는 어둠의 장면과 마주한다. 그러나

제2부에서 나타나는 두 어둠의 장면 사이에는 분위기와 움직임 면에서 대조되는 것이 있다. 우물의 칠흑 같은 어두움은 불길하며, 코제트는 그것을 피해 달빛 속으로 나가면서 장 발장을 만나고, 이어 발장의 보호를 받는 여인숙의 난롯불 빛으로 옮겨간다. '야간 추격'에서는 이따금 비치는 빛이 장 발장을 사악한 추격자들에게 노출시키며, 그가 드르와 뮈르 길의 칠흑 같은 어둠 속에서 담장 반대편으로 뛰어내리는 것은 안전을 의미한다.

제 6, 7 권

수도원

위고는 이야기를 잠시 멈추고 이제 장 발장이 있는 수녀원의 정원에 대해 설립, 거주자, 활동, 심지어는 담장 색깔까지 길게 묘사한다. 다음 장에서 그는 수도원이란 주제에 관해 개인적인 견해를 펼친다.

사실주의의 신조에 따르면 성격 형성에 가장 중요한 영향을 미치는 요인 하나가 환경이기 때문에 등장인물의 환경을 자세히 설명하는 것이 보통이다. 위고는 여기서 줄리엣 드루에를 통해 수녀원 생활을 상세하게 들려준다. 그 세부 사항들은 모두 정확하고, 수녀원 생활에 관심 있는 사람에게는 매혹적이기까지 하다. 그러나 50페이지에 걸친 수녀원 소개는 일반 독자들에게는 지나치게 장황하다.

그러나 위고가 수녀원을 상세히 이야기하는 데는 두 가지 실질적인 목적이 있다. 첫째, 미리엘 주교가 장 발장에게 가르친 자선에 수녀원의 겸손이란 선물을 추가하고, 둘째, 코제트에게서 금단의 열매들(과수원의 사과와 배)를 따먹고 금서(성 베네딕트 율법)를 읽는 등의 여자다운 짓궂음을 완전히 빼앗지 않으면서도 오랜 세월 그녀의 천진함을 보호할 분위기를 독자들이 철저히 이해해 주기를 바라는 것이다.

　　그리고 단일 교회와 신정 군주제가 프랑스인들의 충성심 확보를 위해 여전히 무종교적인 민주주의와 경쟁하고 있는 시대에 종교문제에 관한 입장도 밝히고 싶은 것이다. 근대 인간 위고는 수녀원이 부자연스럽고 비생산적이라는 것을 알지만 시인으로서는 수도자들의 숭고한 희생에 감탄하지 않을 수 없다. 그리고 수녀원을 무의미하게 만들면 순수 물질주의도 그렇게 된다. 이상 없이는 진보도 없는 것이다. 그가 선호하는 것은 더욱 활발하고 세속적인 형태의 구원, 즉 사회적 이상향을 위한 노력이다.

제 8 권

수녀원에 은신하다

발장은 자베르에게 쫓기는 가운데 다시 바깥세계로 나가봤자 소용없다는 것을 알고 있다. 따라서 수녀원에서 지내야 한다. 그러나 포시르방의 극진한 도움이 있어도 어려움을 견뎌내기가 버겁다. 여성들만의 세계인 이곳에서는 그리 멀리 갈 수가 없다. 그리고 기숙 학생들의 왕성한 호기심으로 도망자 신분이 곧 드러날 것이기 때문에 마냥 숨어 지낼 수도 없다. 발장의 유일한 희망은 수녀들이 그럴 듯한 가명을 써서 그를 공식적으로 받아들여주는 것이다. 그러나 정상적인 방법으로 돌아오기 위해서는 우선 발각되지 않고 수녀원을 떠나야만 한다.

두 남자는 이 문제를 놓고 곰곰이 머리를 짜보지만 답이 나오지 않는다. 그때 마침 수녀원장이 포시르방을 불러 은밀한 임무를 부여한다. 그날 아침 세상을 떠난 크루시픽션 수녀의 유언이 제단 밑 지하 납골당에 묻히는 것이다. 그러나 불법이기 때문에 유언을 들어주려면 약간의 속임수가 필요하다. 수녀원장은 포시르방에게 검시관이 다녀가면 자정 전에 돌아와 관에 못을 박고 지하 납골당에 안장하라고 부탁한다. 당국의 추격을 따돌리려면 흙을 채운 관을 공동묘지로 운반할 때도 동행해야 한다. 포시르방은 이런 지시를 들으면서 정원 일을 제대로 도와줄 남동생과 수녀원에서 수업을 받으면 수녀가 될 수 있는 조카딸이 있다는 사실을 계속 암시한다. 포시르방의 협력에 만족한 수녀원장은 그들이 수녀원에 살도록 허락한다.

포시르방이 방금 있었던 일을 얘기하자, 발장은 섬뜩한 계획을 내놓는다. 관 속에 자기가 들어가고 묘지에서 포시르방이 묘파기 일꾼이자 친구인 메스티엔에게 술을 먹여 취하게 만들면 그 틈에 관에서 나오고 코제트는 포시르방이 바구니에 넣어 등에 지고 나르면 된다는 것이다.

다음날 해질녘, 포시르방은 보지라르 공동묘지로 향하는 장례행렬을 당당하게 따라간다. 매사가 순조롭고 발장의 확고한 용기에 힘을 얻은 것이다. 그러나 묘지 입구에서 청천벽력 같은 일이 벌어진다. 그를 맞이한 사람은 알코올중독자 메스티엔이 아니고 그의 후임인 그리비에이다. 메스티엔은 최근에 죽었다고 한다. 당황한 포시르방은 원래 계획대로 밀고 나가는 것이 최선이라고 생각하지만 술을 입에 대지 않는 새 일꾼은 아무리 술을 권해도 뜻을 굽히지 않는다.

발장은 긴 장례행렬, 하관식, 그리고 마지막으로 슬픈 장례식을 강한 인내심으로 이겨냈다. 그러나 관 위에 흙이 떨어지는 소리를 들으면서 그 의미가 무엇인지 깨닫고는 의식을 잃는다.

절박해진 포시르방에게 좋은 생각이 하나 떠오른다. 묘파기 일꾼의 호주머니에서 하얀 카드를 보았던 것이다. 일몰 후 공동묘지 출입증이다. 교묘히 그것을 훔친 포시르방은 일꾼이 분실 사실을 알도록 만든다. 출입증을 분실하면 거액의 벌금을 물어야 하기 때문에 그리비에는 겁을 먹는다. 포시르방은 도와주는 척하며 묘지는 염려 말고 집에 가서 그것을 찾아보라고 조언한다. 고마워 어쩔 줄 모르는 일꾼이 손을 흔들면서 쏜살같이 사라진다. 재빨리 발장이 구조되고 가짜 매장은 끝이 난다. 두 사람은 유유히 공동묘지를 떠난다.

한 시간 후, 세 사람이 수녀원 정문에 나타난다. 발장은 수녀원장에게 좋은 인상을 주고 코제트의 수수한 모습은 수녀가 될 운명인 것처럼 보인다. 발장은 정원사 보조가 되고 코제트는 학생으로 받아들여진다. 이제 발장은 수녀원 담장 안에서 살아야 하지만 만족스럽다. 그는 일을 통해 마음의 평온을 찾고, 매일 찾아오는 코제트에게서 위안을 얻는다. 그녀 역시 행복하다. 웃음은 햇살처럼 그녀의 마음속 추위를 사라지게 한다. 이렇게 몇 년이 지나간다.

　　제2부는 위고에게 기법상의 문제를 안겨주었다. 그 줄거리는 단 3개의 사건으로 구성된다. 발장의 탈출과 코제트의 구조, 자베르로부터의 도피, 새 은신처인 수녀원의 발견이 그것이다. 거의 300페이지 정도로 면수를 늘리기에는 극히 적은 사건이기 때문에 위고는 독자의 관심을 유지하기 위해 다양한 장치를 사용한다. 바로, 지속적인 긴장감 조성, 의도적인 신비화, 그리고 나중에 과거 회상 장면으로 설명되는 예기치 않은 극적 대치 등이다.

　　장 발장이 여인숙에 나타났을 때, 왜 그냥 팡틴의 쪽지를 건네고 코제트를 직접 데려갈 수 없는 것인지에 대한 실제적인 설명이 없다. 대신, 발장으로 하여금 문제를 좀더 교묘한 방식으로 접근하게 함으로써 독자들이 여러 장에 걸쳐 아이의 구조에 과연 성공할지 실패할지 모르게 만든다. 따라서 마음을 졸이던 독자들이 코제트가 구조될 때 느끼는 정서적인 효과는 훨씬 더 크다.

위고는 세 지점에서 의도적으로 독자를 어리둥절하게 만든다. 첫째, 돛대에서 떨어진 발장이 탈출에 성공한 사실을 독자가 확실히 알게 되기까지는 오랜 시간이 걸린다. 둘째, 블라트뤼엘은 어떤 사내가 보물을 숲속에 묻었다고 믿지만 역시 독자들은 그 사람이 발장이고 마들렌이란 이름으로 얻은 재산을 숨겼다는 사실을 훨씬 나중에 가서야 알게 된다. 끝으로, 그가 담장을 넘어 수녀원으로 들어간 후 보고 듣는 이상한 모습과 소리는 독자를 놀라게 하고 혼란스럽게 만들어 호기심을 자극하려는 의도적인 것이다.

과거 회상은 거의 소설의 역사만큼이나 오래된 정통적인 극적 기법으로, 위고는 〈레미제라블〉의 여러 곳에서 효과적으로 사용한다. 자베르의 출현을 그때 그때 설명하면 그가 발장과 코제트의 평화로운 삶에 끼어들 때 발생하는 모든 극적 효과가 약화되고, 발견-추격-도피의 연속에서 통일성과 점증하는 지속적 긴장감이 중화될 것이다. 실상은 이렇다. 위기에 위기가 잇따르다가 마침내 발장이 수녀원 담장 너머로 사라진다. 이어 발장의 안전을 확인하고 마음이 놓인 우리는 그때서야 자베르의 등장에 관해 들을 준비가 갖춰지는 것이다.

8장의 긴장감은 매우 효과적으로 유지되며, 위고는 수녀원을 배경으로 한 복잡한 도피 이야기를 통해 작가와 독자가 모두 즐기는 극적 대조들 중 하나를 이끌어내는 기회를 갖는다.

제3부

마리우스

제1권

 **거리의 소년 가브로시**

　위고는 파리의 부랑아인 거리의 소년에 대한 감상적인 찬사로 이 부분을 시작한다. 그는 부랑아에게서 비행과 불결함 밑에 감춰진 진주 같은 천진함을 본다. 그는 속어를 쓰고, 창녀와 말을 하고, 술집을 자주 드나들고, 누더기를 입고, 음란한 노래를 부르고, 종교를 비웃는다. 그러나 이처럼 명백한 부도덕성에도 불구하고 그는 감탄을 자아낸다. 그의 회의론은 가짜와 관행을 조롱한다. 그 회의론의 원군은 발랄한 기지와 살아 숨쉬는 어휘들이다. 그는 간혹 제대로 자극을 받으면 숭고한 경지에 오른다. 위고의 표현에 의하면 이 한줌의 진흙은 하느님의 숨으로 발화될 때 아담이 된다. 그리고 비참한 가난에도 아랑곳 않고 행복하다. 그에게 거리는 언제나 모험으로 가득 차고 놀라움이 충만한 흥미로운 영역이다. 저녁이면 그는 연극의 마력에 빠진다.

　제2부의 사건들이 벌어지고 나서 9년이 흘렀다. 위고는 열한두 살쯤 된 소년 가브로시를 소개한다. 그는 명랑하고, 자유분방하고, 굶주리고, 약간 손버릇이 나쁘고, 헌옷을 걸친 전형적인 파리의 부랑아다. 그의 지난 삶은 비참했다. 부모로부터 냉담하게 버림받았으며 그 보금자리에서 잔인하게 쫓겨났다. 이러한 고난에도 불구하고 그는 몇 개월에 한 번씩 고보 하우스에 있는 어머니를 만나러 간다. 이 방문은 늘 침울하다. 가

브로시를 반기는 것은 나락과 같은 가난, 굶주림, 그리고 무엇보다 무관심이다. 대화는 짤막하고 사무적이다.

"너 어디 있다가 왔니?"

"거리요." "어디로 갈 거냐?"

"다시 거리로요."

"왜 온 거니?"

이제 우리는 사실보다 더 사실 같은 줄거리의 이탈을 통해 익숙한 것에서 미지의 세계로 갑자기 옮겨가는 위고의 극적 기법에 익숙해져 있다. 따라서 참고 기다리면 결국은 다시 우리를 장 발장에게로 데려갈 것이 확실하다.

버려진 아이의 문제는 코제트를 통해 이미 언급되었지만 가브로시를 소개하면서 다시 한 번 되돌아간다. 이 아이는 앞으로 보게 되듯이 한 가지 이상의 면에서 코제트의 동생뻘이라고 할 수 있겠으나 더 불행하다. 그러나 불행이 코제트를 마비시켰다면 가브로시는 더 지혜롭게 만들 따름이다.

1830년에 중산층 아이의 평균수명은 여덟 살이고, 노동자의 아이는 두 살이었다. 이 통계는 파리의 부랑아 현상을 설명하는 데 큰 도움이 된다. 부모의 무관심을 이기고 살아남은 아이들과 도시의 사망률은 이미 그들이 지닌 놀라울 정도의 적응력과 강건함을 증명했으며, 어떤 의미로 보면 최상의 집단이다. 위고는 예리한 관찰력과 정감 넘치는 감정이입으로 그 아이들의 용기와 고통, 불경스러움과 대담성을 묘사하고, 파리를 세계의 수도로 만드는 정신의 상징들로서 이들을 찬양한다. 그리고 마지막으로 이 아이들을 보통교육을 옹호하는 강력한 논거로 이용한다. 만약 무학인 그들이 그토록 대단한 독창성, 지성, 기지를 보인다면 교육을 받을 경우 이루지 못할 게 무엇이란 말인가?

제 2, 3 권

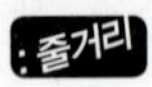 **아! 아버지**

교회당 주변 동네에 호기심을 자아내는 인물이 살고 있다. 지난 시대의 흔적인 질노르망 씨다. 아흔 살이지만 근력이 여전하다. 걸음걸이가 꼿꼿하고, 술도 잘 마시고, 목소리도 쩌렁쩌렁하고, 단잠을 자고, 코도 우렁차게 곤다. 여자들은 이제 멀리하지만 후회가 전혀 없는 것은 아니다. 이전 하녀가 그를 자기 아기의 아버지라고 주장하려고 하자 딱 잘라 부인하지만 어쨌든 양육비를 내놓고, 나중에는 동생의 아이를 위해서도 돈을 내놓는다.

그는 권위주의적이고 반론을 참지 못한다. 아직도 옛날 고리짝 전통에 따라 하인들을 매질하고 쉰 살 먹은 노처녀 딸을 벌주기까지 한다. 계몽주의 시대의 냉소적 세계관을 그대로 지니고 있는 그에게 유럽은 개화된 정글이다. 물론, 그는 당대 사회를 특히 역겹게 여긴다. '프랑스 혁명 체제는 깡패 집단들'이라고.

질노르망의 친척들 대부분은 이미 타계했고, 방금 언급한 대로 흐리멍덩한 노처녀 딸이 있다. 그녀는 젊은 시절에 부자 남편, 돋보이는 지위, 당당한 집사를 꿈꾸었지만 이제는 얌전한 체하는 고집불통이 되어버렸다. 견고한 요새처럼 옷을 겹겹이 입고는 위협받지도 않는 정조를 방어하고, 하루를 예배로 보내고, 특별 기도를 올리고, 처녀협회 소속이면서 성심[*]

---

[*] **성심**(聖心, Sacred Heart): 예수의 심장. 예수의 사랑과 속죄를 상징.

을 받든다. 게다가 지독히 우둔하다.

세상을 떠난 여동생은 그녀와 정반대였다. 시, 꽃, 빛을 표현했고, 먼 곳의 영웅적 신사와 사랑에 빠지는 꿈을 꾸었으며 꿈속의 남자와 결혼했다. 그녀는 마리우스라는 아들을 남겼고, 그 아이는 질노르망과 함께 산다. 마리우스는 무뚝뚝한 할아버지 앞에서 덜덜 떠는 감수성이 예민한 아이다. 할아버지가 심한 말을 하고 때로는 지팡이를 들기 때문이다. 그러나 질노르망은 속으로 손자를 아주 좋아한다.

소년은 비록 할아버지의 보호를 받으며 살고 있지만 고아가 아니다. 그의 아버지는 베흐농이란 작은 도시에서 궁핍하게 살고 있다. 사실상 은둔자인 그의 일은 단 하나뿐인데, 그것은 웅장한 정원을 가꾸는 일이다.

그러나 이 초라하고 평온한 은퇴생활은 파란만장한 생존의 통렬한 결말이다. 아버지 조르주 퐁메르시는 삶의 대부분을 나폴레옹 군대의 군인으로 보냈다. 그는 모든 황제의 전투에서 두각을 나타낸 영웅적인 경력의 소유자로, 영국 군함을 나포했고, 중상을 입었고, 최고 훈장을 받았다. 워털루의 패주 때는 룬브르크 대대의 깃발을 포획함으로써 용맹의 극치를 보여주었다. 황제는 기쁜 나머지 이렇게 소리쳤다. "난 자네를 대령, 남작, 그리고 레종 도뇌르 훈장을 받은 장교로 만들어주겠네."

왕정복고로 나폴레옹에게 가장 충성한 인물에 속했던 퐁메르시가 좋게 보일 리 만무했다. 그는 절반의 퇴직금을 받고 전역하는 신세가 되었다. 더욱 견디기 힘든 일은 반혁명주의자인 질노르망이 그를 싫어하고 '도적'이라고 부르며, 손자와 의절하겠다고 협박하면서 아들을 포기하도록 압력을 가한 것이다. 마리우스는 아버지가 있다는 사실을 알고 있지만 전혀 무관심하다. 왕정복고파 속에서 사는 마리우스는 아버지의 이름이 야기하는 비난 때문에 막연히 아버지는 창피스러운 사람이라고 생각해 왔다.

그것은 비극적인 오해다. 조르주 퐁메르시는 영웅적인 군인이었을 뿐만 아니라 사랑이 깊은 아버지다. 아들과의 생이별을 참을 수 없었던 그는 정기적으로 파리에 와서 몰래 술피스 대성당에 들어가 아들이 미사 올리는 것을 지켜본다. 그의 희생은 그에게 작은 위안을 가져다주게 된다. 베흐농의 신부인 마베프 대수도원장과 친분을 쌓게 된 것이다. 그 신부의 형제인 술피스 대성당 교구위원이 성당을 은밀히 방문하던 퐁메르시와 그의 흉터, 눈물을 보았다. 마베프는 베흐농에 있는 형제를 찾아갔다가 퐁메르시를 알아본다. 두 형제는 대령을 방문해서 그의 사연을 듣게 된다. 서로 찬탄하며 속말을 나누는 사이 우정이 싹튼다.

1827년, 마리우스는 막 열일곱 살이 되었다. 어느 날 저녁 귀가하자 할아버지가 편지 한 통을 건네며 이렇게 말한다.

"마리우스, 내일 베흐농으로 가야 한다."

"왜요?"

"네 애비를 만나러."

병이 난 대령이 아들을 보게 해달라고 부탁한 것이었다. 아버지가 자기를 버렸다고 생각하는 마리우스는 마음이 내키지 않는다. 어쨌든 다음 날 베흐농으로 떠나지만 때가 늦었다. 조르주 퐁메르시가 세상을 떠난 것이다. 마리우스는 비탄에 잠기지 않고, 보통 낯선 사람의 죽음으로 유발되는 정도의 슬픔만 느낀다. 48시간 후, 그는 아버지가 남긴 유일한 유산인 쪽지를 갖고 그곳을 떠난다.

쪽지의 내용은 이렇다. "내 아들에게. 황제 폐하는 워털루 전장에서 내게 남작을 하사하셨다. 내가 피로써 얻은 작위를 왕정복고파들이 의문시하니 네가 그 작위를 지녀라. 내 아들이 그럴 만한 자격이 있음은 두말할 나위가 없다." 그리고 쪽지 뒷면에 덧붙인다. "같은 워털루 전투에서 상사 한 사람이 내 목숨을 구했다. 그 사람 이름은 테나르디에이다. 최근 그가 파리 부근인 셀 또는 몽페르메이유에서 여인숙을 운영하고 있는 것으로 알고 있다. 그를 만나면 힘닿는 대로 너를 도와줄 것이다.”

어느 날 아버지에 대한 마리우스의 무관심은 조르주 퐁메르시를 알고 경모한 그 교구위원과의 우연한 만남으로 흔들린다. 가벼운 대화를 나누던 마리우스는 아버지의 사심 없는 사랑과 아버지가 무관심한 척했던 것에 대한 설명을 듣게 된다. 다음날, 그는 할아버지에게 사흘간 어디를 다녀오겠다며 허락을 구한다. 무엇을 했는지는 나중에 설명하기로 한다. 돌아오자마자 도서관으로 직행한 그는 신문과 공화국과 제국에 관한 것은 모조리 훑는다. 집에는 거의 오지 않는다. 노인은 자신의 젊은 시절처럼 사랑 놀음에 빠진 것이 아닌가 하고 생각한다. 사실은 그런 것이나 마찬가지다. 아버지를 존경하기 시작했기 때문이다.

그에게 정서적 격변이 일어나자 정치적 견해가 바뀐다. 과거 가장 어두운 역사의 한 장으로 비쳐졌던 프랑스 혁명이 대중의 인권을 위한 싸움이었다는 생각으로 감동스럽기 그지없다. 나폴레옹 제국은 유럽 민주주의의 기수가 된다. 마리우스에게 나폴레옹은 어린 시절 각인된 괴물이 아니라 구체제의 마지막 잔재를 쓸어버린 승리한 사령관으로 변모한다. 어느 폭풍우 몰아치는 밤, 그 장엄함에 압도된 마리우스는 뜨거운 외침으로 자신의 전향을 마무리한다. “황제 폐하 만세!” 그는 이제 온전하게 아버지의 아들이다. 그는 경찰국 본부가 있는 거리의 인쇄소로 가서 ‘마리우스 퐁메르시 남작’이라고 적힌 명함을 주문한다.

동시에 마리우스는 할아버지에게서 멀어진다. 항상 할아버지와 삐걱거린다고 생각했는데, 이제는 그 반감이 더욱 뚜렷해진다. 그는 할아버지를 아버지의 사랑을 빼앗은 무지한 편견의 소유자라고 비난한다. 냉담해진 그는 자주 짧은 여행을 떠난다. 그러던 중 한 번 아버지의 은인인 테나르디에를 찾아간다. 그런데 그는 파산을 해서 여인숙 문을 닫고 사라진 뒤였다.

마리우스의 주기적인 부재는 특히 흥미로운 추문의 낌새를 잘 알아차리는 질노르망 양의 호기심을 자극한다. 그녀는 사촌인 마리우스를 만난 적이 없는 또 다른 조카 테오뒬을 보내 그가 무슨 짓을 하는지 알아보게 한다. 테오뒬은 그 말을 따르지 않지만 우연히 마리우스와 같은 마차를 타고 베흐농으로 간다.

베흐농에서 두 젊은이는 마차에서 내리고, 마리우스는 꽃장수에게서 아름다운 꽃다발을 산다. 테오뒬은 연인과의 만남 같은 것을 기대하면서 뒤를 쫓지만 마리우스가 당도한 곳은 음울한 무덤이다. 그는 꽃다발을 '대령 남작 퐁메르시'란 이름이 새겨진 십자가로 가져간다.

테오뒬은 그 사실을 이야기하지 않지만 나중에 질노르망은 마리우스의 방을 뒤져 퐁메르시가 아들에게 보낸 쪽지와 명함들을 발견한다. 마리우스가 돌아오자 열띤 논쟁이 벌어지고 잊혀지지 않을 만큼 신랄한 말들이 오간다. 마리우스는 영원히 집을 나온다. 호주머니에 들어 있는 30프랑, 시계, 옷 몇 가지만 챙긴 그는 뚜렷한 계획도 없이 라틴 광장을 향해 떠난다.

질노르망은 전혀 다른 영역에 있는 부랑아인 가브로시만큼이나 강인한 흔치 않은 인간이다. 19세기의 빈민가에 있는 가브로시와 비교해, 18세기의 상류 사회에 속하는 그 노인은 신성모독 행위에서부터 침대 커튼에 이르기까지 모든 것이 다른 시대의 분위기를 풍긴다. 그는 18세기 상류층의 모든 덕목—품위, 명랑, 매력—과 최악의 단점인 냉담한 계급이기주의를 지녔지만 잔인하거나 비열하지 않다. 돈 씀씀이가 후하고 자기 소생도 아닌 두 사생아를 부양할 만큼 친절하며, 사실 그의 손자와 흡사한 인물이다. 불행히도, 차이점이라면 특히 민감한 부분에서 삐걱거린다. 앞으로 알게 되겠지만 동포에 대한 마리우스의 태도는 가부장적이기보다는 형제애적인 데가 있다. 그는 강렬한 생각이 덕목이라고 믿는 반면, 질노르망은 악취미라고 생각한다. 젊은이의 이기주의는 노인의 이기주의만큼이나 고집스럽다.

그렇다고 해도 뜻밖의 일만 아니었더라면 그들 사이에는 이별이 없었을 것이다. 질노르망은 혁명과 관련된 모든 것에 두려움을 느끼고, 마리우스는 본의 아니게 등한시했던 아버지를 또 다시 부정하는 것은 참을 수 없다. 많은 동년배 프랑스인들처럼 할아버지와 손자는 갑작스럽고 불행하게도 점점 벌어지는 구체제와 젊은 공화국 사이의 간극 양편에 서게 된다.

제 4 권

A.B.C.의 동지들

　　마리우스가 탄 마차가 목적지 없이 라틴 광장 거리를 지날 때 동료 학생 보시에가 부른다. 마리우스는 그에게 어려움을 털어놓지만 선의로 충만한 보시에 역시 집이 없기 때문에 도와주지 못한다. 그러나 다른 급우 쿠르페락이 나서서 자기가 살고 있는 라 포트 생 자크 호텔 방을 같이 쓰자고 제의한다. 의기투합한 두 학생은 곧 친해진다.

　　이러한 우정은 마리우스의 지적인 생활에 깊은 영향을 미치게 된다. 쿠르페락은 급진단체인 'A.B.C.의 동지들' 소속이다.(동음이의어로, 프랑스어 A.B.C.의 발음은 '핍박받는 사람들'이란 말과 같다.) 당연히 그는 새 친구를 단원들에게 소개하고 마리우스는 새로운 사상의 물결에 잠긴다. 그 거칠고 불경스런 토의에서 존경받는 것은 아무것도 없다. 나폴레옹조차 예외가 아니다. 나폴레옹의 제국이 '범죄'란 단어로 덧칠되자 대체로 말수가 적던 마리우스가 나폴레옹의 인생을 옹호하며 열변을 토한다. 그러나 "나폴레옹의 정복보다 더 위대한 것이 무엇인가?"라는 그의 결론적인 질문은 '자유로워지는 것'이라는 조용한 대꾸로 인해 쑥 기어들어간다.

　　마리우스의 새로운 확신은 흔들리지만 주위에서 논의되는 보다 급진적인 사상을 받아들일 정도는 아니다. 그는 지적 불확실성과 고립을 겪고, 물질적인 어려움은 그를 더욱 불행하게 만든다. 그는 일자리도 없지만 집의 도움은 의연히 거절하고, 시급한 청구서를 해결하기 위해 몇 가지 소지품을 팔고는 호텔을 떠난다. 그러나 이러한 조치들은 고육책에 불과하다.

　위고는 퐁메르시와 마리우스의 관계를 매개로 제3의 미지 집단인 'A.B.C.의 동지들'을 소개한다. 이 모든 이방인들—가브로시, 마리우스, 앙졸라와 그의 친구들, 그리고 제5권의 마베프조차—은 되는 대로 소개되는 것 같다. 그러나 모두의 운명은 한 가지 역사적 순간으로 모아지면서 장 발장의 운명과 얽히게 될 것이다.

　위고는 학생 집단의 구성원 한 사람 한 사람을 애정과 이해로 묘사한다. 그들이 지닌 다양한 기질들—투사 앙졸라, 다정한 철학가 콩브페르, 예술적 이상주의자 프루베르, 현명한 일꾼 페일리, '착한 사람' 쿠르페락, 불같은 사람 바호렐, 적응 불능자 보시에 (레글)와 졸리, 냉소주의자 그랑테르—은 오늘날의 학생들과 흡사하다. 앙졸라는 문학에서 묘사된 19세기 특유의 죽음의 사자, 정치적 이상주의자, 무오류의 광신자, '순수' 마르크스주의자 또는 무정부주의자인 초기 인물 가운데 한 사람이란 점에서 특히 흥미로운 연구대상이다. 그러나 위고가 이 청년들에게 그토록 관심을 쏟은 이유는 그들 모두가 곧 죽기 때문이다. 마리우스의 정치적 진화는 작가 자신의 정치적 진화—브레튼의 어머니가 신봉한 군주주의에서 영웅적인 아버지의 온화하고 진보적인 보나파르트주의로, 그리고 공화제 원칙에 대한 확고한 애착으로—와 궤도를 같이한다.

제 5, 6 권

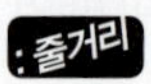 **갑자기 다가온 사랑**

마지막 재원을 소진한 마리우스는 인생의 잔인함을 깨닫는다. 그는 육체적·정신적으로 고통을 겪는다. 빵도 없고 불도 없으며 옷은 남루하다. 상점 주인들과 근로 여성들의 비웃음, 조롱, 굴욕을 참는다. 코트도 닳아 해지고 친구들의 내침도 받아들여야만 한다. 그러나 가난이란 약한 자들은 파괴하고 강한 자의 정신은 담금질하는 호된 시련이다. 마리우스는 역경 속에서도 흔들리지 않고 서서히 그럭저럭 살아갈 방도를 찾는다. 신간 설명서를 쓰고, 주석을 달고, 신문을 번역하고, 전기를 편집하는 등의 잡글로 소소한 수입을 얻게 된 것이다. 그는 고보 하우스의 수도사와 같은 방을 쓴다. 바로 이 건물은 한때 코제트와 장 발장이 살던 곳이다. 그는 음식도 검소하게 먹고 술은 입에도 대지 않는다.

마리우스는 세상과 사이좋게 지낸다. 검소한 생활이 그의 금욕주의적인 기질과 일치하기 때문이다. 그는 은둔자처럼 살면서 가족조차 멀리한다. 할아버지가 내심 후회하는 것을 모르는 그는 절대 할아버지를 찾지 않는다. 동창들 모임도 포기하고 오로지 쿠르페락과 늙은 교구위원과만 친분을 쌓는다. 그에게는 혼자가 어울린다. 혼자 있으면 진정한 희열을 주는 명상의 생활에 몰입할 수 있다. 그는 몽상가가 되어가고 있다.

따라서 어쩌다 만나는 여자들에게도 아주 무관심하다. 그는 1년간 룩셈부르크 공원에서 규칙적으로 산보하면서 열서너 살 정도 되는 소녀를 동반한 퀘이커교도 같은 소박한 풍모의 노인과 자주 마주쳤다. 마리우스는 그 '아버지'에게는 호감을 가졌지만 그 '딸'에 대해서는 관심이 없다.

그러던 중 마리우스가 특별한 이유 없이 공원 산책을 중단하게 되면서 6개월 동안 그 미지의 두 사람을 보지 못한다. 그 사이 중대한 사건이 일어났다. 미운 오리 새끼는 백조가 되었고, 그 작은 소녀는 매혹적인 아가씨가 되었다. 그 변화가 너무나 커서 마리우스는 같은 사람인지 확인하기 위해 그녀를 세심하게 뜯어본다. 그러나 이 새로운 미인은 아직 그의 무관심을 날려 보내지는 못한다.

나중에 그들의 눈이 마주치면서 마리우스의 삶이 완전히 변한다. 흘끗 보았을 뿐인데 그를 홀딱 빠지게 만드는 깊이, 신비, 매력을 발견한 것이다. 갑자기 남루한 옷이 창피해진 그는 다음날 새 옷을 입고 멋진 모습으로 룩셈부르크 공원에 나타난다. 용모에 자신감이 생긴 그는 마음을 단단히 먹고 그 아가씨가 아버지와 함께 앉아 있는 벤치 쪽으로 걸어가지만 그들이 가까워지자 용기가 나지 않아 돌아서고 만다. 다시 한 번, 어렵사리 마음을 먹고 이번에는 벤치를 지나가는 데 성공하지만 심히 당황스럽기는 마찬가지다. 그는 상당한 거리를 두고 15분 정도 앉아 있다가 황홀한 기분으로 그곳을 떠난다. 그날 밤에는 저녁식사 하는 것도 잊어버린다.

2주 동안 그는 계속 벤치를 지나치며 걷는 일 외에는 아무것도 하지 않는다. 그때 생각지도 못한 일이 벌어진다. 마리우스가 르블랑이라고 부르기로 했던 그 백발노인이 딸과 함께 마리우스 앞을 지나 걷는 것이 아닌가. 말로 표현할 수 없는 순간이다. 마리우스는 생각에 잠긴 듯하고 온화한 그녀의 모습에 눈이 부실 지경이다. 그녀의 아름다움은 천사, 이를테면 페트라르크*와 단테의 여주인공들을 상기시킨다. 구름 위를 떠다니

---

* **페트라르크**(Francesco Petrarch, 1304-74): 이탈리아의 계관시인. 성 아우구스티누스와의 대화형식인 〈나의 비밀〉 집필.

는 그는 자기 장화에 묻은 먼지가 고통스럽게 느껴진다.

마리우스는 룩셈부르크 공원에 있지 않을 때는 모든 연인들처럼 다소 광적이 된다. 사려 깊다가도 시끄러울 정도로 명랑해지고, 낯선 사람들을 포옹하고, 뜬금없는 말도 한다. 한 달이 지나도 룩셈부르크에서의 하루를 결코 잊지 못한다. 그러나 소심함과 조심성에 사로잡혀 그 벤치 앞을 두 번 다시 지나지 않는다. 무심코 그는 조각상이나 나무 가까이에서 모습을 내보이며 그녀에게 다정한 눈길을 보낸다. 그녀 또한 아버지와 얘기하면서도 흘끗 의미심장한 시선을 던진다.

그러나 몇 가지 오판 때문에 마리우스의 신중한 구애가 끝장난다. 어느 날 르블랑 씨가 벤치를 바꾸자 마리우스가 따라온다. 그 후 노인이 딸을 대동하지 않고 나타나자 마리우스가 곧장 떠나는 모습을 보니 딸에게 관심이 있는 것이 분명하다. 그녀가 떨어뜨렸다고 생각되는 'U'자가 새겨진 손수건을 주운 마리우스는 그녀 이름을 '우르슐라'라고 짓는다. 그리고 마침내는 '우르슐라'의 뒤를 쫓아 집까지 간다. 이것은 돌이킬 수 없는 실수가 되고 만다. 그는 문지기에게 그녀에 관해 묻고, 그 문지기는 '르블랑' 씨에게 그 일을 보고한다. 그리고 일주일 후, 그 노인과 소녀는 종적이 묘연해진다.

마리우스가 700프랑으로 1년을 살아가는 모습은 발자크식 사실주의에서 나온 구절이며, 잘 풀린 방정식처럼 수학적 매력이 가득하다. 그러나 마리우스는 가난한 사람에 속하지 않고, 결코 가난해지지도 않을 것이다. 그는 가브로시나 장 발장과는 달리, 인생의 고통을 미리 생각하지 않아도 된다. 그런데 그 고통을 선택함으로써 이미 그의 주변을 감싸고 있는 젊음의 장밋빛 광휘에 영광의 후광을 보탤 뿐이다. 그의 환경은 빈민가가 아니라 룩셈부르크 공원이고, 부자, 한가한 사람, 행운아의 세계에 속하며, 아무리 바지가 남루하다고 한들 언제나 신사처럼 착용한다.

빅토르 위고는 마리우스를 통해 자기의 젊은 시절 자화상—같은 정치관, 용모, 젊은이다운 투쟁—을 그리지만 손질하지 않은 공정한 묘사다. 위고는 마리우스의 훌륭한 점—성실성, 관대함, 상상력 넘치는 열정, 진정한 이상주의, 배려 능력—을 알면서도 과찬하지 않고, 할아버지에게 고통을 주는 무의식적인 잔인함과 그의 대단한 격정이 지닌 아름다움뿐만 아니라 그 기질도 지적한다. 단 한 번 흘끗 본 것만으로 말 한마디 하지 않고 영원한 사랑에 빠지는 것은 숭고하지만 믿기지 않을 정도로 어리석은 짓이며, 따라서 어떤 점에서는 마리우스 역시 어리석다고 하겠다.

제 7 권

파리의 범죄자들

위고는 파리의 많은 범죄자들을 소개한다. 특히, 1830년부터 1835년까지 범죄 세계를 주름잡았던 바베, 클라크수, 괼르메르, 몽파르나스 등이다. 괼르메르는 우둔하고 힘센 도둑이며 살인자다. 전에는 이를 뽑아 주며 먹고 살았던 바베는 시장에서 석고 흉상을 팔고 기행을 일삼는 자로, 호리호리하고 나긋나긋하며 도의심이라곤 눈곱만큼도 없다. 클라크수는 가면을 쓴 복화술사다. 몽파르나스는 젊고 잘생기고 인정머리 없다. 그들은 다양한 재주와 가까운 관계 덕분에 세느 강 구역에서는 사실상 독무대를 이루었다. 이들과 함께 많은 조무래기 범죄자들이 날뛰는데 우리가 이미 몽페르메이유에서 만났던 전과자 블라트뤼엘도 그들 가운데 하나다.

위고는 어쩌면 단테의 「지옥편」에서 일부를 차용했을지도 모를 서사시적 묘사를 통해 독자들에게 비참한 사람들보다 더 밑에 있는 빈곤한 범죄자들의 나락을 소개한다. 19세기 초반 대도시들이 생겨나고 범죄 세계에 관심을 갖는 대중 독자들이 늘어나면서 작가들은 그 세계의 연구에 매료되었다. 이러한 추세에 발맞춰 발자크는 범죄의 대가 보트랭이 등장하는 소설을 여러 편 썼다. 디킨스에게는 패긴이 있다. 그리고 유진 수 같은 많은 프랑스 작가들은 범죄 세계의 모험을 생업의 재료로 삼았다.

19세기의 대다수 개혁가들처럼 위고도 환경론자다. 그는 인간은 본성이 착하며, 악한 마음은 사회의 대접에서 생기는 산물이라고 믿었다. 그리고 2장 말미에서 범죄는 계몽으로 사라질 것이라고 했다. 그러나 작가 위고는 이론가 위고보다 현명하다. 그는 8권에서 환경 때문이 아니라 숨을 쉬듯 자연스럽게 악랄한 짓을 하는 자를 소개함으로써 7권에서 설파한 것을 모두 무효로 돌린다.

제 8 권

정체를 드러내는 종드레트

여름이 가고 가을. 그리고 겨울이 온다. 르블랑 씨나 소녀도 룩셈부르크 공원에 다시는 나타나지 않는다. 마리우스는 엄청난 절망감과 깊은 무기력에 빠진다. 어느 날, 그는 잃어버린 사랑을 만날 수 있을까, 하는 막연한 기대를 품고 무도장에 간다. 만나지 못한 것은 당연지사. 뻔한 절망감으로 어느 때보다 더 침울해진 그는 사람이 싫어지고 고뇌로 끙끙댄다. 그리고 다시 어느 날, 그는 이상한 만남을 경험한다. 르블랑 씨와 흡사하지만 기다란 백발에 노동자 차림의 남자를 만난 것이다. 당혹한 마리우스는 그 사람을 따라가서 수수께끼를 풀어보기로 작정하지만 이미 사라진 뒤다.

2월 2일, 마리우스는 침울한 기분에 걸맞은 장면을 목도한다. 여윈 모습에 누더기를 걸친 맨발의 두 소녀가 곁을 스쳐 달려간 것이다. 얼핏 들리는 한두 마디 말로 미루어보건대 경찰에 쫓기고 있는 듯하다. 한 소녀가 허겁지겁하다가 봉투를 떨어뜨린다. 그것을 주운 마리우스가 돌려주려고 보니 이미 불러도 들리지 않을 만큼 멀리 가버린 상태다. 그는 그 봉투를 호주머니에 넣고는 잊어버린다.

옷을 벗던 마리우스는 봉투를 발견하고 무엇인지 살핀다. 그 속에는 저명인사들에게 보내는 편지 네 통이 들어 있고, 돈을 요구하는 부탁과 함께 네 사람의 이름이 서명되어 있다. 그러나 필체, 종이, 독특한 담배 냄새, 철자 오류 등이 모두 같은 점으로 미루어 동일인이 서명한 것이 분명하다. 마리우스는 그 어느 편지에도 주소가 적혀 있지 않자 더 이상 마음을 쓰지 않기로 한다.

다음날, 그가 일하고 있을 때 문을 두드리는 소리가 들리고 어린 소녀가 들어온다. 기껏해야 열다섯 살 정도지만 찌든 생활로 수척한 모습이다. 그녀는 돈을 요구하는 아버지 종드레트의 편지를 건넨다. 소녀의 얼굴이 낯설지 않고 어디선가 본 적이 있는 것 같다. 소녀가 마리우스의 이름을 부른다. 이 소녀는 대체 누구란 말인가? 그의 이름을 어떻게 알고 있을까? 마리우스가 그 집에서 거주한 지는 제법 되었지만 그 불결한 동네를 관찰할 기회는 거의 없었다. 마음이 딴 데 있었기 때문에 눈도 그곳을 향하고 있었던 것이다.

종드레트의 편지는 전날 마리우스가 주웠던 그 편지 묶음과 필체가 같다. 마리우스가 그 우연의 일치를 놓고 곰곰이 생각하고 있을 때, 소녀는 방 이곳저곳을 기웃거리면서 아무렇지도 않게 떠들고 노래하고 물건들을 훑어보고 거울을 들여다본다. 그녀는 마리우스에게 미남이라고 추켜세우면서 의미심장한 눈빛을 보낸다. 마리우스는 그녀의 눈초리를 무시하고 길에서 주웠던 편지꾸러미를 돌려준다. 태도가 달라진 그녀는 믿기지 않을 정도로 고마워하고, 끝없는 배고픔, 고통, 환각, 자살 충동을 털어놓는다. 마음이 찡해진 마리우스가 마지막 남은 5프랑을 건네자 소녀는 혐오스럽지만 애처로운 속어를 쏟아내며 고마움을 표한다.

그녀가 떠난 후, 마리우스는 진짜 가난이 무엇인지도 모르고 주변의 어려움에 무관심했던 자신을 꾸짖으며 사회가 한 인간을 얼마나 깊은 불행과 타락 속으로 침몰시키는지를 생각한다. 그는 그렇게 자신을 돌아보다가 그의 방과 종드레트 가족의 방을 갈라놓는 판자벽 천장 가까이에 난 삼각형 구멍을 발견한다. 동정심에 호기심이 발동한 그는 비참한 이웃을

관찰하기 위해 찬장을 딛고 올라간다. 그러자 '비참하고, 더럽고, 악취가 진동하고, 어둡고, 지저분한' 우리가 펼쳐진다. 식탁에는 키가 작달막하고 비쩍 마른 예순 살 가량의 남자가 앉아 또 다른 구걸 편지를 쓰면서 불공평한 인생을 원망하고 있다. 벽난로 가까이에는 표독스러운 중년의 여인이 앉아 있고, 낡은 침대 위에는 생기 없고 창백한 소녀가 쉬고 있다.

마리우스가 구멍에서 막 눈을 떼려고 할 때 큰딸이 들어오면서 생 자크 성당에서 만났던 자선가가 곧 도착한다고 알린다. 큰딸은 방금 찾아와 구걸하던 그 소녀다. 자리에서 벌떡 일어난 아버지는 방을 더욱 궁상맞게 보이기 위한 여러 조치를 지시한다. 항아리의 물을 끼얹어 난롯불을 끈 그는, 아내에게는 침대에 누우라고 하고, 큰 딸에게는 의자의 앉는 부분을 부수라고 하고, 둘째 딸에게는 유리창을 깨라고 한다. 자선가가 들어올 즈음, 방은 적당히 난장판이 된다.

문 두드리는 소리가 나자 사내가 재빨리 달려나가 문을 열고 공손히 머리를 조아리며 손님을 맞는다. 한 노신사와 처녀 하나가 그곳에 서 있다. 충격 받은 마리우스는 자기 눈을 의심하지 않을 수 없다. 바로 '르블랑 씨'가 아닌가. 그의 딸은 여전히 아름답다. 전직 배우 파방투라고 자기를 소개한 종드레트는 감정에 북받친 탄식을 늘어놓으면서 마치 낯익은 얼굴을 기억하려는 듯이 노신사를 뚫어지게 응시한다. 종드레트에게 5프랑과 새 옷, 양말, 담요가 든 보퉁이를 건넨 노신사는 셋돈을 갖고 오후 여섯 시에 다시 오겠다고 약속한다.

마리우스의 유일한 관심은 그 처녀다. 그들이 떠나자 마리우스가 달려 나간다. 그들이 마차를 타고 떠나는 모습이 보인다. 그는 다른 마차를 부르지만 무일푼인 그를 태워줄 리 만무하다. 낙심해서 발길을 돌려 계단을 오르던 그는 종드레트가 험상궂은 사내와 진지하게 수군거리는 광경을 목격한다. 그는 동네에서 가장 악명 높은 건달 중 하나다.

마리우스가 쓸쓸히 방으로 들어갈 때 종드레트의 장녀가 따라온다. 그녀를 보자 마리우스는 발끈한다. 그녀에게 5프랑을 주어 연인을 따라갈 기회를 놓쳤기 때문이다. 고마움을 표하기 위해 찾아온 소녀에게 화를 내는 것은 온당치 못한 행동이다. 그의 침울한 분위기를 감지한 소녀가 도와주겠다고 하자 르블랑의 주소를 찾아달라고 부탁한다. 소녀는 서운한 마음이 들지만 그러마고 답한다.

다시 혼자가 된 마리우스는 통절한 공상의 세계에 빠진다. 종드레트가 르블랑 씨 부녀에 대해 흥분하면서 떠벌린 말이 마음에 걸린다. 뭔가를 얻을까 하는 바람에서 관측소로 뛰어 올라간 그는 종드레트의 말에 그의 아내가 화를 내는 모습을 목격하고 르블랑 씨의 정체를 알아차렸다는 사실을 감지한다. 그러나 종드레트는 오히려 그 노신사로부터 거액을 갈취할 생각을 하며 희희낙락한다. 그가 아내에게 불을 지피라고 한 것으로 미루어 사악한 음모를 꾸미고 있는 것이 분명했다. 그리고 그는 그 덫을 더욱 완벽하게 만들기 위해 자리에서 일어난다.

마리우스는 종드레트의 음모를 저지해야겠다고 결심한다. 잠시 머뭇거리던 그는 조용히 경찰서로 향하다가 두 명의 추레한 사람이 나누는 대화를 우연히 엿듣고 르블랑 씨의 목에 올가미가 씌워지고 있다는 확신을 갖는다. 경찰서에서 그는 날카로운 눈매를 지닌 훤칠한 수사관을 만난다. 그의 질문은 예리하고 구체적이다. 간단한 설명을 듣고 마리우스의 열쇠를 요청한 그는 즉시 귀가해 그 방을 예의주시하다가 올가미가 씌워지려고 할 때 경찰에게 신호를 보내라고 말한다. 그는 마리우스가 자리를 뜰 때 문득 생각난 듯 자베르라고 신분을 밝힌다.

잠시 후 쿠르페락과 보시에가 길에서 마리우스와 마주친다. 그러나 열심히 종드레트를 쫓고 있는 마리우스는 그들의 존재를 의식하지 못한다. 미행을 눈치 채지 못한 종드레트는 철물점에 들어가 끌을 갖고 나와서는 마차를 대여하는 사내의 상점으로 사라진다. 집 문이 잠기기 전에 귀가하기 위해 염탐을 중단한 그는 방으로 오던 길에 빈 아파트 한 곳에서 네 사나이가 잠복해 있는 것을 흘끗 보게 되지만 그들 눈에 띄는 것이 두려워 그냥 지나친다.

마리우스는 자기 방에서 종드레트가 돌아오는 소리, 두 딸에게 이런

저런 지시를 내리고 망을 보도록 거리로 내보내는 소리를 듣는다. 그는 다시 찬장 위로 올라가 구멍을 들여다본다. 방 안은 석탄으로 가득한 큰 난로에서 생기는 벌건 빛으로 환하고, 훨훨 타오르는 불 한가운데에는 끌이 꽂혀 있다. 그리고 구석에는 두 개의 더미가 있는데 하나는 녹슨 쇳조각들이고, 다른 하나는 밧줄인데 자세히 살펴보니 사다리다. 종드레트는 의자 두 개를 탁자에 가져다놓고 담뱃대에 불을 붙이고는 기다린다.

교회 종이 여섯 시를 치자 약속대로 르블랑 씨가 나타난다. 그는 먼저 종드레트에게 집세와 당장 급하게 쓸 돈을 건넨다. 장황하게 감사를 표한 종드레트는 아내에게 마차를 보내라고 지시한다. 종드레트가 이야기를 하면서 르블랑의 주의를 끄는 동안 한 사내가 노인의 등 뒤에서 살그머니 방으로 들어온다. 이상한 낌새를 느낀 르블랑 씨가 돌아보자 종드레트는 이웃이라고 둘러대고, 더 험악하게 생긴 사내들 셋이 들어와도 똑같은 말을 해댄다.

이어 그는 깜짝 놀랄 말을 꺼낸다. "지갑은 갖고 왔소? 1,000크라운이면 되겠습니다." 깜짝 놀란 르블랑이 벌떡 일어나 등을 벽에 대고 의아한 듯 그를 노려본다. 쥐잡기를 하는 고양이처럼 종드레트는 다른 대화를 시작한다. 갑자기 세 명의 무장한 사내들이 들어서자 종드레트는 하던 말을 멈추고 쩌렁쩌렁한 목소리로 말한다. "나를 기억하시겠소?" 창백하기는 해도 움츠러들지 않은 르블랑은 탁자 뒤로 돌아가서 마음을 단단히 먹고 모른다고 대답한다. 종드레트가 외친다. "나는 파방투가 아니오. 종드레트도 아니오. 나는 테나르디에요."

이 말에도 르블랑은 담담하지만 마리우스는 경악한다. 테나르디에를 구하고 무고한 사람을 희생시키느냐, 아니면 경찰을 불러 아버지의 믿음을 저버리느냐, 하는 진퇴양난에 빠졌기 때문이다. 사건이 빠르게 전개되기 때문에 우물쭈물할 시간이 없다. 테나르디에는 비난, 위협, 허풍스런 말을 쏟아내면서 병적으로 기뻐하며 승리를 맛본다. 르블랑은 침착하게 자기는 부자가 아니고, 이전에 만난 적도 없다며 그가 잘못 알고 있는 것이라고 답한다. 테나르디에가 돌아서서 공범 하나와 이야기를 나눌 때 르블랑은 창문으로 뛰어올라 탈출을 시도한다. 세 사람이 그를 붙잡아 몸싸움 끝에 침대 한 곳에 묶는다.

테나르디에는 공범들을 내보내고 다른 전술을 쓴다. 그는 르블랑에게 자기는 위험에 처해도 결코 도움을 청하지 않는다고 말한다. 그런 그가 경찰을 두려워하겠는가? 짐짓 아무렇지도 않게 난로로 다가간 그는 벌겋게 달아오른 끌을 보여주면서 풀어주는 대가로 20만 프랑을 내놓으라고 한다. 그는 마치 '종교재판소장' 같은 미소를 지으며 르블랑의 딸에게 오라는 편지를 쓰라고 종용한다. 딸은 돈을 넘겨줄 때까지 인질이 될 것이다. 조용히 편지를 쓴 르블랑은 서명하고 주소를 말한다. 테나르디에는 아내에게 편지를 들려 보내 그녀를 데려오게 한다. 두 사람 사이에 길고 무서운 적막이 흐른다. 이윽고 속았다며, 화가 머리끝까지 치민 그의 아내가 돌아온다. 르블랑이 틀린 주소를 가르쳐준 것이다.

그러나 그녀가 없는 사이 르블랑은 주머니에 있던 구멍 난 동전 속에 감춰진 작은 톱으로 결박을 끊었으며 한쪽 다리만 제외하면 자유롭다. 벌떡 일어난 그는 한 손에 벌겋게 달아오른 끌을 잡고 "너희들이 내게 쓰고 싶지 않은 것을 쓰도록 만들 수는 없어"라고 외치며, 경멸하듯 끌을 팔에 갖다 대고 추호의 동요도 없이 살이 타는 것을 지켜본 다음, 끌을 창밖으로 내던진다. 불량배들이 그를 덮치고, 그를 죽일 수밖에 없다고 결심한 테나르디에는 서랍에서 칼을 꺼낸다.

이러지도 저러지도 못해 고통스러운 마리우스는 더 이상 지체할 수가 없다. 둘 중 한 사람을 선택해야 한다. 불현듯 그날 아침 다녀간 테나르디에의 딸이 교육 수준을 보여주기 위해 "경찰관들이 여기에 있어요"라고 적었던 쪽지 생각이 난다. 마리우스가 그것을 벽에 난 틈새로 밀어 넣자 역시 예상했던 대로 범인들이 혼비백산해서 창문으로 달려간다.

그들의 탈출은 자베르의 극적인 출현으로 좌절된다. 자베르의 권위에 눌린 그들은 양떼로 변한다. 테나르디에만이 저항하며 자베르에게 총을 쏘지만 빗나간다. 그의 아내가 야수처럼 으르렁대며 자베르에게 돌을 던지지만 고개를 숙여 간단히 피한다. 경찰은 범인들에게 수갑을 채우고, 복면 사내들의 정체도 밝혀진다. 파리의 4인조 도적 두목들 중 3명인 괼르메르, 바베, 클라크수이다. 범인들이 붙잡히자 자베르는 그 희생자를 찾으려고 둘러보지만 혼란의 와중에 사라진 뒤다. "빌어먹을! 그 자가 대어였을 텐데."

다음날 가브로시는 여느 때처럼 건방지고 태평하게 부모를 보러 가지만 아파트가 잠겨 있다. 그가 방금 욕했던 노파가 그의 식구들이 모두 감옥에 있다고 알려준다. 무심코 "아!"라며 그 소식을 반긴 그는 입가에 노래를 담고 추운 거리로 돌아간다.

위고는 천진난만한 본능이 있다. 성숙한 여성이 등장하면 때때로 작가로서 불안해 하지만 소녀들에 대해서는 실수가 없다. 몸은 상처 나고 목소리는 쉰 데다 혐오스런 은어를 사용하는 종드레트의 큰딸에게서 그는 그 겉모습 너머에 자리한 배고픔, 비탄, 겸손, 수치, 용기, 애정, 심지어는 체면에 대한 동경을 본다. 그리고 그들 자매를 통해 '아이들의 불행'이 가장 섬뜩한 것이라는 그의 논제를 생생하게 설명해 준다.

그러나 이것이 그들을 소개하는 유일한 목적이 아니다. 그는 더욱 깊고 인간적인 수준에서 다시금 제2권 초두에 나왔던 신데렐라 주제를 다룬다. 누더기를 걸친 두 소녀는 한때 응석받이였던 에포닌과 아젤마이다. 이 '추한 자매들'은 정말 추해졌고, 코제트가 비단 망토와 벨벳 모자를 쓰고 그들 앞에 나타날 때 코제트는 비록 전혀 모르고 있지만 결정적 복수를 하는 셈이 된다. 이들의 얄궂은 만남에는 비극이 섞여 있다. 에포닌과 아젤마는 몽페르메이유에서처럼 여전히 어린아이에 불과하고, 코제트가 여인숙에서 학대받을 이유가 없었던 것처럼 이들 역시 현재의 운명을 감수할 하등의 이유가 없다. 세 소녀 모두 똑같이 테나르디에의 희생물이다.

테나르디에는 〈레미제라블〉에서 가장 수수께끼 같은 인물로, 제8권 대부분에서도 독자로 하여금 그의 다음 행동이 궁금하게끔 만든다.

테나르디에는 '사악하고' '범죄적인' 인물이다. 아니, '성미가 비꼬인'이란 단어가 더욱 정확한 표현이다. 그는 치유불능일 정도로 심성이 꼬였고, 심술은 다른 사람들뿐만 아니라 그의 인생도 망친다. 그는 지능도 있고 교육수준도 어느 정도 갖춰진 것 같다. 우리가 마지막 보았을 때는 1,550프랑의 빚을 진 여인숙 주인이었으며 장 발장이 코제트를 데려오면서 그 부담을 덜어주었으므로 제법 풍요로운 삶을 영위하지 못할 이유가 없었다. 그러나 그 같은 행운에 만족하기는커녕 더 많은 돈을 뜯어내려고 하다가 황금알을 낳는 거위에게 죽을 뻔한 것이다. 종드레트 역시 똑같이 행동한다. 1프랑의 자선을 더 받으려고 2프랑 값어치의 의자를 부수고, 창문을 깨고, 불을 꺼버린다. 창유리를 깨다가 딸아이가 손을 다치기까지 하는데, 그것조차 그가 의도한 바다. 그리고 발장(르블랑)으로부터 정기적인 도움을 약속받으면서도 전 재산을 우려내겠다는 허황된 바람으로 그것을 내던진다. 만족을 모르는 그는 매번 실패할 때마다 더 가난하고 비참해진다.

그러나 그의 망상이 지닌 힘을 우리는 가장 경계해야 한다. 그가 제2부에서 코제트를 참 좋아하고 보고 싶을 것이라고 장 발장에게 말할 때는 그의 진심에 대해 고개를 갸우뚱거리게 만든다. 그리고 그가 다락방에서 사회를 매도할 때는 그의 불행이 모두 세상 책임이란 생각이 얼핏 들기도 한다. 그의 면전에서는 장 발장이란 인물도 달리 생각하게 된다. 박애주의자라는 외관 뒤에서 교활하고 초인적인 힘을 지닌 죄수의 모습이 다시금 떠오르는 것이다. 마리우스는 테나르디에의 워털루 전장 이야기가 너무도 혼란스러워 장 발장에게 도움을 줄 것인지 아니면 어떻게 할 것인지 갈피를 잡지 못한다. 그러나 이것은 마리우스가 무심코 코제트의 양아버지에게 저지르는 잘

못 치고는 별것 아니다. 마리우스의 신고로 자베르 형사가 다시금 장 발장을 추격하게 되었다는 사실이 더 큰 문제다.

한 인물이 전혀 다른 사람으로 밝혀지는 이 '인식 장면'은 그리스 시대 이래 관객의 허를 찔러 극적 재미를 높여주는 흔한 기법이었다. 위고는 대가답게 제3부를 이 같은 인식 장면으로 마무리짓는다. 물론, 독자는 종드레트 일가가 테나르디에 일가가 아닐까, 하고 의심해 왔지만 사실로 판명되자 만족스럽다. 그리고 장 발장이 코제트를 찾으러 왔을 때 여인숙에서 방치된 채 울던 아이가 가브로시라는 사실을 알게 되었을 때는 놀랍기도 하다.

〈레미제라블〉은 연극처럼 5부로 나뉘어져 있고, 그 내부 구조도 흡사하다. 1막은 매우 긴장을 자아내는 해설이다. 2막은 유감스럽게도 연극에서 흔히 그렇듯 느릿느릿 진행된다. 4막과 5막은 클라이맥스와 대단원을 위해 남겨둔 부분이다. 3막 마지막에 대부분의 극작가들은 4막의 마지막보다 강도가 극히 약한 클라이맥스를 즐겨 제공한다. 셰익스피어의 비극 대부분이 이러한 형식을 취하는데, 위고는 거의 정확히 소설의 반환점에서 극적 대결 구도를 마련해 놓고 핵심 인물들을 등장시킨다. 그러나 그 대결은 언제 끝날지 모르고, 독자는 최후의 결정적 대결을 기대하는 상태가 된다.

제 4 부

생 데니스

제 1 권

:줄거리 타오르는 혁명의 불꽃

위고는 이야기를 중단하고 7월 군주제의 배경과 시작에 대한 역사를 개관한다. 7월 군주제는 1830년의 혁명으로 세워졌다. 나폴레옹의 몰락 후 뒤를 이은 인물은 부르봉 왕가의 루이 18세와 찰스 10세였고, 1814년부터 1830년까지 군림했다. 왕정복고기로 알려진 이 시기는 평화에 대한 갈망과 피로감이 특징이었다. 그러나 국민들은 혁명으로 쟁취했던 자유를 포기하지 않았다. 부르봉 왕들은 마지못해 이 같은 자유를 허용했지만 악감정을 품고 있었다. 1830년, 드디어 힘을 과신한 찰스 10세가 양보를 파기하려고 시도했으나 비참한 결과를 초래하고 말았다. 국민들이 봉기하면서 왕은 폐위되고 망명길에 오르는 신세로 전락한 것이다.

불행히도, 이 혁명은 기회주의자들이 장악했다. 그들은 평화와 질서의 필요성을 역설하며 군주제를 복원했고, 왕족의 젊은 분파인 오를레앙가의 대표 루이 필립을 선택했다. 이 조치는 국민들에 대한 부르주아의 특권 보호가 목적이었으나 완전한 후퇴는 아니었다. 국민들에게 완전한 주권을 넘겨주지는 못했지만 약간의 민주주의적인 이득이 확보되었기 때문이다.

혁명의 복합적 성격은 혁명이 선택한 왕을 보면 알 수 있다. 별명이 평등인 루이 필립은 왕족이었지만 자유주의 사상에 공감했고, 이전 왕들과는 달리 1789년 혁명 당시 민중의 편에 서서 적극적으로 가담했다. 재위중에는 신민들의 특권을 존중하고 복리에도 큰 관심을 가졌다. 예를 들어, 그는 정치범들을 위해 자주 개입했다. 그럼에도 불구하고 필립 왕 치세의 시작은 순조롭지 않았다. 한편으로는 특권 상실을 손 놓고 보고만 있을 수 없던 수구파들의 공격을 받았고, 다른 한편으로는 군주정이 아무리 계명되었다 한들 자신들의 이상과 배치된다고 여긴 공화주의자들에게도 인정을 받지 못했던 것이다.

가시적인 저항 이면에서는 군주정과 유산 계급에 의한 통치라는 개념을 모두 반대하는 세력이 더욱 조용히 널리 퍼지면서 자라고 있었다. 사회주의 사상가들은 전반적인 사회 구조를 비판적으로 재성찰하며 옛 뿌리를 약화시켰다. 따라서 부르봉 왕조가 전복되고 2년 만에 급진 사상, 국제적 긴장, 그리고 민중의 불만이 이미 정치 기상도에 먹구름을 형성하고 있었다. 1832년 4월, 상황은 폭발 일보 직전이었다. 가장 폭발 가능성이 높은 파리의 생 앙투안 지역에서는 공공연하게 혁명이 계획되고 있었다. 토론 집단들은 정부의 정통성을 평가하고, 호전 세력들은 행동에 옮길 태세를 갖추고 있다. 급진주의자들은 총탄을 만들고, 경찰은 실제 무기들이 비축되고 있다는 보고를 올린다.

혁명의 열기가 퍼져나가는 것은 피할 수 없다. 점점 더 반항적인 비밀 결사조직들이 우후죽순처럼 생겨나서 국가 속으로 마치 암처럼 번져나간다. 파리에 이어 지방이 감염된다. 마리우스의 옛 친구들은 선동 활동에 적극 참가한다. A.B.C.의 지도자 앙졸라는 부관들을 각종 학생 단체와 노동자 단체에 보내 혁명 대열로 규합한다. 앙졸라 자신은 쿠구르드 결사를 예비해 둔다. 그는 동료들을 만나러 가면서 상황을 곰곰이 생각하고 민중의 궁극적 해방에 이르는 영광된 봉기를 낙관적으로 그려본다.

그러나 약간의 실망스러운 일이 일어나 그의 웅대한 꿈을 훼손한다. 그는 지나는 길에 친구 그랑테르의 과업을 검토하기로 결정한다. 냉소주의자인 그랑테르는 오직 앙졸라에 대한 존경심 때문에 혁명가가 되었다. 그는 노동자들의 혁명 열기를 부추기는 열변을 토하기는커녕 그들과 도미노 게임에만 열중하고 있는 것이다.

1815-32년의 프랑스 정치 변천사에 대한 위고의 장문은 주로 공화주의적인 정치 문서다. 그 목적은 공화주의는 많은 장애에도 불구하고 19세기에 꾸준히 세를 불려왔다는 사실을 상기시킴으로써 프랑스 공화주의자들을 고무하고, 1848년 공화제를 전복한 제국에 대해 독자들의 저항을 고취시키는 데 있다. 정치적 망명자인 위고는 아주 유능한 선동가다. 이 작품은 1832년의 봉기에 대한 소개서 역할도 한다. 그 봉기에는 〈레미제라블〉에서 지금까지 만났던 등장인물들 대부분이 휘말리게 되는데, 앙졸라 무리의 활동은 중요한 줄거리 전개를 미리 보여준다.

제 2, 3 권

사랑

테나르디에가 체포된 후, 마리우스는 즉시 자기 방을 나가 쿠르페락의 거처로 옮겨간다. 그는 마리우스를 따뜻하게 맞는다. 마리우스가 거처를 옮긴 이유는 두 가지다. 첫째, 그가 목도한 사악함 때문에 고보 하우스가 혐오스러웠고, 둘째, 테나르디에에게 불리한 증언을 하고 싶지 않았기 때문이다. 시간이 흐르면서 마리우스는 우울증에 빠진다. 그가 흘끗 보았던 행복은 다시금 사라졌고, 이번에는 사랑하는 사람을 찾지 못할 것만 같다. 그녀와의 아주 엷은 끈조차 발견할 수 없고, 그녀 '아버지'의 모호한 행동 때문에도 심란하다. 그 노신사의 조용한 도피 역시 매우 수상하기만 하다.

물질적 어려움도 그를 더욱 불행하게 만든다. 또다시 마리우스는 가난에 시달린다. 일도 할 수 없을 정도로 크게 낙심한 그는 일자리를 그만두고 무기력을 가중시키는 위험한 공상의 세계에 몸을 맡긴다. 그리고는 잃어버린 사랑의 환영에 빠져 자신의 가차 없는 해체에 무감각하다. 실제적인 활동은 하지 못하며, 터무니없고 낭만적인 몸짓만 할 수 있을 따름이다. 그는 노트에 결코 읽히지 않을 천상의 연애편지를 쓴다. 테나르디에 부부가 그의 연인을 '종달새'(몽페르메이유에서의 별명)라고 불렀기 때문에 그는 '종달새의 들판'이란 외딴 지역을 규칙적으로 찾아간다.

위고는 이제 무거운 마음의 자베르를 찾는다. 의외의 소득이었을지도 모를 테나르디에의 포로는 종적도 없이 사라졌고, 몽파르나스와 클라크수도 그의 손아귀를 빠져나갔다. 그 폭력배들의 탈출은 바로 경찰 호송 마차에서 있었기에 더욱 굴욕적이다. 나머지 폭력배들도 결코 활동을 멈춘 게 아니다. 감옥에 있는 부르종은 수상쩍은 움직임을 보이고 있다. 그는 외부에 있는 일당들에게 세 통의 전갈을 보낸다. 어느 날 쪽지를 쓰다가 간수에게 들키지만 그 쪽지는 압수당하기 전에 사라진다.

다음날, 동그란 빵 속에 싸인 쪽지가 파트롱 미네트 갱의 두목 가운데 하나인 바베의 손에 전달된다. 바베로부터 쪽지를 넘겨받고 플뤼메 거리에 있는 그 집을 조사한 에포닌은 답장으로 비스킷을 보낸다. 갱 세계에서 '안 되겠다'를 의미하는 비밀스런 암호다. 이 불발된 범죄 음모는 전혀 예기치 못한 결과를 가져온다. 에포닌이 코제트의 소재를 알게 되고, 그로 인해 곧 코제트와 마리우스의 운명이 바뀌는 것이다.

마리우스의 옛 친구이자 교구위원인 마베프는 마리우스와 비슷한 처지를 겪고 있다. 그의 주요 소득원인 저서 〈코테레츠의 식물상〉도 전혀 팔리지 않는다. 그가 시도한 물감 실험도 실패작이다. 아침식사는 달걀 두 개가 전부였고, 종종 그것이 하루의 유일한 음식이 되어버렸다. 어느 고요한 아침, 그는 이상한 유령을 본다. 온종일 푸른 물감 실험으로 지친 그는 손에 책을 들고 가뭄으로 위협받는 멋진 철쭉을 근심스레 살피면서 정원에서 쉰다. 꽃에 물을 주고 싶지만 두레박 사슬을 갈고리에서 벗겨낼 힘조차 없다. 뜻하지 않게 별난 방문객이 그를 찾아온다. 누더기에 비쩍 마른 그 소녀는 정원에 물을 주고는 그 보상으로 마리우스의 주소를 알아내자 이내 사라진다.

며칠 후, 안절부절못하고 일도 할 수 없는 마리우스는 여느 때처럼 종달새의 들판으로 간다. 그는 슬픈 표정으로 '그녀'를 생각한다. 그의 슬픔은 자책으로 더욱 심해진다. 그의 몽상은 에포닌의 출현으로 중단된다.

그녀는 마리우스에게 기쁨, 순진한 질문, 변명, 동정심이 섞인 말을 재잘 댄다. 가련하게도 마리우스를 사랑하는 것이 분명하다. 마리우스가 관심이 없음을 내보이자 그녀는 코제트의 주소를 알고 있다고 말한다. 넋이 빠지고 사랑에 눈이 먼 마리우스는 에포닌이 느낄 비참한 심정은 안중에도 없다. 그는 오직 연인의 안전에만 관심이 있고, 에포닌으로부터 자기 아버지에게 그 주소를 밝히지 않겠다는 약속을 받아낸다. 마리우스가 보상을 약속했다는 점을 일깨워 5프랑을 받은 그녀는 우울한 표정으로 "저는 당신 돈을 원하지 않아요"라며 돈을 떨어뜨린다.

생제르맹 교외에는 눈에 띄지 않는 작은 집이 있다. 그곳은 18세기의 한 치안판사의 사랑의 보금자리였다. 그 집에는 다른 거리와 통하는 비밀 출구가 있어서 치안판사는 의심 받지 않고 정부를 만날 수 있었다. 1829년 10월, 장 발장은 포시르방 명의로 오래 비워두었던 그 집을 임차해서 비밀 통로를 다시 열고, 코제트와 늙은 하인 투생을 이곳에서 살게 했다. 그는 수녀원에서 행복했지만 숙고 끝에 떠나기로 했다. 비록 자신의 안전이 위험해지더라도 코제트에게는 정상적인 생활을 하게 해주는 것이 도리라고 생각한 것이다. 그리고 이중 경계를 위해 잠재적인 은신처로서 파리에 두 채의 아파트를 임차했다. 마리우스가 코제트를 쫓아갔던 곳도 그 중 하나였다.

두 사람은 코제트의 사치품 몇 가지를 제외하면 검소하고 무엇보다도 조심스럽게 살고 있다. 그들은 룩셈부르크 공원을 거닐며 미사에 참석하고, 교회 문전의 걸인들에게 후하게 돈을 주고, 가난한 사람들과 병자를 찾아간다. 발장은 국가 방위군에서 복무한다. 그는 그 의무를 반긴다. 사회적으로 존경받도록 해주기 때문이다. 코제트와 함께 지내며 한껏 고무된 발장은 소박한 새 삶을 만끽한다.

코제트 역시 행복하다. 그녀의 정원은 끝없는 발견의 세계가 되었다. 그녀에게는 폭넓은 독서의 과실을 나눠주는 발장이 흥미로운 친구다. 그리고 그녀의 우주이자 아버지이고 어머니다. 그녀는 발장의 방이 춥고 식사가 너무 검소하다며 안달한다. 그녀는 과거를 거의 기억하지 못하고 어머니도 머릿속에서 완전히 지워졌다. 발장이 그녀에 관해 전혀 말하지 않기 때문이다. 본능이 그녀에게 그녀의 신분에 대해서는 말하지 않고 덮어두는 것이 낫다고 경고한다.

그러나 뜻하지 않은 위험이 그들의 평온을 위협한다. 코제트는 이제 전혀 준비되지 않은 유혹과 갈망의 나이인 사춘기로 접어들고 있다. 수녀원에서 조심스레 보호받았던 무지는 그녀가 이해하지 못하면서 경험하는 욕망의 강도를 세게 해줄 뿐이다. 여자를 전혀 모르는 총각 발장은 그녀를 도울 능력이 없다.

어느 날 코제트는 거울을 보다가 불현듯 자신의 아름다움을 깨닫는다. 거울이 보여주는 것은 행인의 말과 늙은 하인 투생의 발언으로도 확인된다. 그녀는 매끈하고 새하얀 피부, 윤이 나고 고운 머리칼, 반짝이는 푸른 눈이 이루 말할 수 없이 만족스럽지만 발장은 그 미모가 걱정스러울 뿐이다. 그는 어떤 식으로 변하든 그의 행복이 위협당하고 또 다른 변화가 언젠가는 코제트를 빼앗아갈지 모른다는 것을 희미하게 깨닫는다. 그렇지만 그녀가 우아한 새 의상을 주문하거나 남들 앞에서 우아함을 뽐내도 막지 않는다.

코제트가 공원에서 마리우스를 만난 것이 바로 그 시점이다. 그녀는 어렴풋이 그의 준수한 용모와 지적인 모습, 신사다움을 의식하게 된다. 그리고 서로 눈이 언뜻 마주치면서 느끼는 감정은 똑같다. 그 결과, 사랑은 그녀의 마음속에 이해할 수 없고 모순적인 무수한 감정을 풀어놓는다.

처음에 그녀는 마리우스의 무관심한 모습에 화가 나지만 대담하게 그에게 접근한다. 나중에 우울증이 그녀를 엄습하고, 통상적인 불면, 마음의 동요, 발열을 겪는다. 그럼에도, '무언의 생각, 한 낯선 남자의 신격화'란 표현처럼 그녀의 사랑은 멀기만 하다.

발장 역시 마리우스를 알고 있다. 코제트와 달리, 발장은 그를 위협으로 보고 덫을 놓는다. 벤치를 바꿔 앉고, 손수건을 떨어뜨리며, 공원에 혼자 와보는 것이다. 그리고 코제트에게 관심이 있다는 것이 드러나자 화가 난 발장은 그를 증오하게 되고 마치 '도둑을 바라보는 사냥개'처럼 지켜본다. 그리고 마리우스가 문지기에게 캐묻는 것을 계기로 발장은 흔적도 없이 플뤼메 거리로 이사한다. 코제트는 운명을 불평 없이 받아들이는데, 사실은 지금 경험하는 감정을 표현할 말이 없을 뿐이다. 그녀는 크게 상심하고 마리우스와의 이별이 길어지면서 그 낙담은 점점 깊어진다. 그녀의 슬픔을 알아차린 발장은 마음이 아프지만 치유 방법을 모른다. 코제트와 발장이 서로 사랑하면서도 서로를 깊이 해치게 된다는 것은 비극이다.

어느 날 아침, 우울한 광경을 목격하면서 그들은 더욱 침울해진다. 여느 때처럼 그들은 일출을 즐기려고 산책하면서 잠시 그 시간의 고요함에서 위안을 얻는다. 그때 귀에 거슬리는 소음이 평온을 깨뜨린다. 죄수 호송 마차의 긴 행렬이 나타난 것은 음산한 광경의 예고였다. 험악하고 비인간화된 죄수 집단이 똑같이 험악하게 생긴 간수 대열의 호위를 받으며 7대의 사형수 호송 마차에 실려 갤리선으로 가고 있다. 타락, 잔인, 비참, 불결. 자기의 과거를 떠올린 발장은 돌처럼 굳어지고 민감한 코제트도 공포에 휩싸인다.

이 두 권에서 위고는 빠른 장면 전환을 통해 등장인물들 모두를 교묘하게 위기에 빠뜨리고, 다음에 이어질 사랑 이야기의 파국을 준비시킨다. 다섯 명의 등장인물 ─ 마리우스, 마베프, 에포닌, 코제트, 장 발장 ─ 은 슬픔과 불신을 겪는다. 마리우스의 무기력하고 활동 없는 기간은 다시 한 번 그를 인생이란 현실과 결합시켜 좋든 나쁘든 숙명을 결정하게 만드는 격렬한 반응의 서곡이 된다. 에포닌과 마베프의 절망은 더욱 타당한 원인이 있기 때문에 극적인 결정과 극단적인 결과를 낳을 것이다. 코제트의 우울함은 깊어지고 마리우스를 향한 감정은 강렬해진다. 그녀는 슬픔을 인내하는 것을 배움으로써 소녀에서 여자로 성숙한다. 장 발장의 노여움과 비탄은 이제 곧 치르게 될 또 한 번의 희생과 그것이 가장 큰 희생이 되리란 선견에 근거한 당연한 반응이다.

위고는 에포닌을 이용해 독자의 동정뿐만 아니라 줄거리와 등장인물을 확장한다. 감옥에서 막 출옥한 그녀는 너무도 측은해서 유산 계급이라면 신속하게 공교육과 어린이 복지를 지지하게 만들 인물이고, 범인들, 마리우스, 마베프, 그리고 코제트와 장 발장 사이에서는 연결고리 역할을 한다. 마리우스에 대한 그녀의 연모는 미지의 여인을 사랑하는 그의 맹목적 이기심을 강조한다. 마리우스는 결코 완벽하지 않다. 완벽함이란 결국 장 발장만의 특권인 것이다.

그러나 장 발장이 마리우스를 경계하는 것은 당연하다. 자연의 법칙은 젊고 사랑에 빠진 그의 편이기 때문이다. 훌륭한 부모 노릇은 늘 고통스런 이별로 끝난다. 부모 역할이란 자녀를 키워 분가시켜 훌륭한 부모가 되게 하는 것이 아닌가. 장 발장은 코제트를 수녀원에서 데리고 나와 그녀 스스로 미래 인생을 선택하도록 함으로써 이미 그러한 방향으로 첫 발을 내디뎠다. 그 다음에는 자연 현상이 끼어들어 그녀를 아름답게 가꾼다. 그리고 마리우스는 그저 그 일련의 정상적 발전 단계가 귀착되는 불가피한 종착점이다.

플뤼메 거리의 정원은 코제트가 지닌 순진무구하고 아름답고 야성적인 정신의 모습이다. 장 발장은 지금까지 그 정원이 봄철에 발산하는 기쁨을 함께 나누는 특권을 누렸다. 그러나 지금 오고 있는 코제트의 진정한 동반자가 도착하면 장 발장은 멘느 둑길의 죄수들 정경이 암시하듯 다시금 어두운 과거 속에 갇히게 될 것이다.

제 4, 5 권

재회

발장은 그와 코제트 둘 다 상심했던 동안에 테나르디에 부부를 방문했었다. 다음날 팔에 보기 흉한 부상을 입고 돌아온 발장이 고열로 한 달간이나 몸져누웠을 때 코제트는 천사처럼 헌신적으로 돌본다. 두 사람 사이의 정이 새록새록 생겨나자 발장은 한껏 기뻐하고, 코제트 역시 새로운 일을 맡아하면서 기분 전환이 되고 그의 차도에 만족스러워한다. 4월이 오고, 봄은 젊고 섬세한 영혼에 그 무엇보다 확실한 위안이 된다.

어느 날 저녁 이틀간의 굶주림에 지친 가브로시는 먹을거리를 찾아 나서기로 한다. 정원에서 사과 통을 뒤지던 그는 우연히 마베프와 늙은 하녀 플루타르크의 대화를 듣게 된다. 그녀는 식품실에는 먹을거리가 하나도 없다는 것과 빚을 지지 않은 곳이 없기 때문에 외상을 줄 사람은 아무도 없다는 것을 상기시키고 있다.

이 쓸쓸한 대화로 가브로시는 사과 통을 털려던 생각을 단념하고 자신의 가난보다 그들의 가난을 더 뼈저리게 느낀다. 생각에 잠겼던 그는 놀라운 정경에 당황하면서 주의가 산만해진다. 한 노신사가 가브로시의 암흑가 동료인 몽파르나스에게 미행당하며 자기 쪽으로 걸어오는 모습을 본 것이다. 그 아이가 미처 손을 쓰기도 전에 그 도둑은 노리던 희생자에게 주먹을 휘두른다. 적수를 과소평가했던 그는 오히려 맞아 땅에 자빠지고 마치 바이스에 의한 것처럼 구둣발에 몸이 조이는 엄청난 수모를 당한다. 그 행인은 그에게 자칫하면 감방에 들어갈 수도 있다며 따끔하게 훈계한 다음, 그의 지갑을 건네주고 조용히 갈 길을 재촉한다. 아연실색한 몽파르나스는 몸을 움직이지 못한다. 가브로시가 고양이처럼 살그머니 다가가서 지갑을 훔쳐 마베프의 정원에 떨어뜨린다. 마베프는 하늘에서 지갑이 떨어지자 눈을 의심하지 않을 수 없다.

상심했던 코제트가 서서히 기운을 차린다. 마리우스를 잊은 듯한 그녀는 매일 점잖을 빼며 정원 앞을 걷는 젊은 미남 장교에게 관심을 갖기 시작한다. 그는 질노르망의 조카 아들 테오될이다. 마리우스의 회복은 코제트보다 더디다. 그는 연인에 대한 꿈의 덫에 걸린 듯하다.

발장이 주기적으로 집을 비우던 어느 날 저녁 코제트는 정원에서 남자의 발자국 소리를 듣는다. 다음날 저녁에도 똑같은 소리가 들린다. 모자를 쓴 무서운 그림자도 보인다. 그녀가 돌아서자 그 그림자는 사라져버린다. 그녀는 발장이 돌아오자 그 일을 이야기한다. 사흘 밤을 정원에서 보낸 그는 사흘째 되는 밤 그녀를 아래로 불러내 가까이 있는 굴뚝의 그림자를 가리키며 쉽게 남자의 그림자로 오인할 수 있다면서 그 수수께끼를 풀어준다.

그러나 며칠 후, 새로운 일이 벌어진다. 어느 쓸쓸한 밤, 정원 문과 가까운 벤치에 앉아 있던 코제트가 정원을 거닐다가 다시 그 자리로 돌아온다. 그런데 그녀가 앉았던 벤치 위에는 돌이 놓여 있는 것이 아닌가. 두려움이 몰려온다. 발장이 밤산책을 나가고 없어 더욱 무섭다. 그녀는 미친 듯이 안으로 들어가 장애물을 쌓고 밤잠을 이루지 못한다.

아침에 햇빛이 나자 불안은 씻은 듯이 사라지고, 간밤의 일을 악몽으로 여기고 잊어버린다. 그런데 정원에서 그 돌을 발견하자 공포심이 호기심으로 바뀐다. 그 돌을 찬찬히 뜯어보던 그녀는 돌 밑에서 사랑의 광휘를 찬양하는 일종의 산문시가 적힌 노트를 발견한다. 직감적으로 그 글을 쓴 사람이 누구인지 떠오르면서 사랑의 감정이 되살아난다. 마리우스에 대한 사랑은 잿불이 되었지만 결코 꺼진 것이 아니었다. 그 불씨가 다시 타오르면서 새로이 밝은 빛이 된다. 그 순간 미남 중위가 지나가지만 그녀의 마음은 싸늘하다. 저녁 정원을 산책하던 그녀가 이상한 느낌이 들어 고개를 돌리자 수척하고 유령 같은 마리우스가 서 있다. 그녀는 그의 겸허하고 통렬한 사랑 고백에 압도된다. 그들은 입을 맞추며 황홀경에 빠진다. 잠시 후 두 사람은 서로의 깊은 감정을 토로하기 시작한다. 두 마음이 한 마음으로 녹아내리는 순간이다. 그들은 비로소 통성명을 한다.

: 풀어보기

등장인물 묘사에서 위고는 소박한 감정과 직접적인 행동을 통해 개성을 드러내기를 좋아한다. 그는 마르셀 프루스트 같은 19세기의 작가들처럼 길고 복잡한 심리 분석에 좀처럼 빠지지 않는다. 몽파르나스의 게으름에 대한 장 발장의 훈계는 추상적 심리학으로의 드문 일탈로서 놀랍다. 중세의 교회처럼 위고는 게으름이 지옥에 떨어질 대죄라고 인식한다. 인간의 유일한 영속적 행복은 일에 있으며 일하기를 거부하는 것은 개성의 완전한 파괴를 가져온다. 이 구절은 장 발장의 사상을 깊이 들여다볼 수 있는 드문 기회이기 때문에 흥미롭다. 사실, 발장은 생각하는 것과는 다소 거리가 멀다고 할 수 있다. 오히려, 일을 마음속에서 이리저리 뒤섞다가 결론을 내놓는 인물인데, 대개는 그 결론이 놀랍도록 현명하다.

　마리우스와 코제트의 재회는 일말의 익살 때문에 재미나고 감동스러운 장면이다. 마리우스는 사랑에 목말라 죽을 지경이지만 코제트는 긴 시간은 아니어도 그를 거의 잊은 상태였다. 위고는 발자국 소리, 그림자, 편지를 통해 점점 독자의 긴장을 고조시키면서 마침내 마리우스를 그녀 앞에 세워놓고, 두 연인의 만남과 애정 고백의 극적 효과를 높이기 위해 작가적 역량을 조금도 아끼지 않는다. 그가 전달하고자 했던 요체는 마리우스의 편지에 담겨 있다. 봄철의 정원은 첫사랑의 완벽한 무대가 된다. 그리고 코제트의 통렬한 절규 "오, 내 사랑!"은 그들의 결합을 하늘이 봉인한 것 같다.

제6권

정 많은 가브로시

1823년 이후, 테나르디에 부부는 아들 둘을 더 낳았다. 이 아이들을 싫어했던 부인은 아주 효율적으로 그들을 제거하는 데 성공했다. 역병으로 두 아들을 잃은 친구 마뇽이 질노르망을 설득해 그 아이들을 부양하도록 했던 것이다. 그녀는 수입을 보전하기 위해 아이들이 필요했다. 서로가 남는 거래였고, 아이들은 그 일로 일시적인 혜택을 본다, 마뇽은 아이들이 곧 생활 밑천이므로 다정하게 대한다. 그러나 그녀가 테나르디에 사건에 연루되어 체포되면서 방치된 아이들은 파리 거리를 방황한다.

1832년 어느 추운 봄날, 가브로시가 이발소 창문 앞에 서 있다. 그가 교외에서 팔아먹을 속셈으로 비누 한 덩이를 훔치려고 기회를 엿보는 동안, 두 꼬마가 상점에 들어가 구걸을 하다가 호되게 퇴짜를 맞는다. 아이들의 눈물에 마음이 찡해진 그는 당당히 아이들을 이끌고 비를 맞으며 빵집으로 데려가 동전 한 닢을 꺼내 함께 먹을 빵 한 조각을 산다. 그리고 돌아오는 길에는 누더기를 걸친 소녀 곁을 지나다가 자신의 어깨에 두른 보온용 여성 솔을 건넨다.

변변찮은 식사를 마치고 다시 길을 걷던 가브로시와 소년들은 검은 안경을 쓰고 있는 몽파르나스를 만난다. 그들의 대화는 경찰이 나타나면서 중단된다. 드디어 부랑아들은 바스티유 광장에 당도한다. 이곳에는 가브로시의 독특한 집이 있다. 당국에서 방치한 코끼리 조각상의 내부다. 가브로시는 소년들에게 코끼리 다리를 타고 올라가 배에 난 구멍으로 들어가는 방법을 보여준다. 큰 소년은 가브로시를 따르고, 겁을 먹은 어린 소년은 사다리를 타고 올라간다.

안으로 들어가자 가브로시가 구멍을 막고 촛불을 켠다. 그는 겁에 질린 아이들을 다독이고 잠자리를 보여준다. 일종의 격자 금속으로 된 새장인데, 그곳에서 사는 쥐떼를 막기 위한 것이다. 쥐떼 생각에 겁을 먹은 아이들이 다시 울기 시작하자 가브로시는 쇼, 수영, 장난 같은 즐거운 일을 상상하도록 해서 용기를 북돋아준다. 촛불을 끄자 나이 든 소년은 잠이 들지만 그의 동생은 사람이 있으면 흥분하는 쥐에 여전히 겁을 먹고 있다. 가브로시가 그를 안심시킨다. 그들은 이내 바깥의 거친 세상은 모두 잊고 잠이 든다.

새벽에 몽파르나스가 잠을 깨우며 도움이 필요하다고 하자 가브로시는 묻지도 않고 따라나선다. 그들은 탈출을 꾀하고 있는 브뤼종, 테나르디에, 괼르메르를 도우러 라 포스로 간다.

브뤼종은 행운의 못으로 그날 밤 굴뚝에 구멍을 내고 괼르메르와 함께 지붕으로 올라갔다가 자기들이 가져온 밧줄을 타고 내려간다. 잠시 후 그들은 얼마 전에 탈출한 몽파르나스와 바베를 만난다.

이제 테나르디에의 차례. 그는 마취제를 탄 술로 간수의 정신을 잃게 하고 금속 핀으로 족쇄를 풀지만 아직은 마음을 놓을 수 없는 상황이다. 동료들이 건넨 밧줄이 짧아서 땅에 닿지 않아 다른 탈출구를 찾아야 하기 때문이다. 절망하던 그는 신기하게도 본능적으로 감옥 담장 밖의 한 건물 지붕으로 올라가지만 엄청난 노력도 허사다. 그의 몸이 너무 쇠약한 데다 땅도 건물 정면을 타고 내려가기에는 너무 높다. 돌연 그는 동료들이 자기를 내버려둔 채 떠날 것인지 여부를 놓고 토론하는 것을 알아챈다. 말하기가 싫은 그는 그들에게 쓸모없던 밧줄을 던져 신호를 보낸다.

다른 사람들의 부추김을 받은 가브로시가 만용을 부리며 낡은 파이프를 타고 지붕으로 올라가 아버지에게 긴 로프를 건넨다. 테나르디에가 자유로워지자마자 그들은 감옥에서 모의했던 플뤼메 거리의 발장에 대한 습격 가능성을 모의하고 헤어진다. 테나르디에가 떠날 때 바베가 말한다. "자네에게 밧줄을 가져다준 소년을 알아보겠던가? 자네 아들인 것 같더군.""별소릴! 그렇게 생각하나?" 그리고 그 얘기는 곧 잊혀진다.

가브로시는 등장인물을 만들어내는 위고의 실력을 잘 보여준다. 위고는 먼저 그를 용기, 건방짐, 특유의 재간을 지닌 부랑아로 소개하지만 개인에 관해서는 거의 언급하지 않는다. 그는 호주머니에 손을 넣고 휘파람을 불며 우리 곁을 지나치는 한 소년의 어렴풋한 모습으로만 남아 있다. 그러나 제4부에서 위고는 이러한 윤곽에 말과 행동이라는 세부 사항을 채우기 시작한다. 자기가 걸치고 있던 여성용 숄을 어느 추운 날 남에게 준다. 비누를 훔치고 어린 소년들에게 빵을 사준다. 범죄자들의 탈출에 일조하지만, 가난한 노인들을 돕기 위해 그 자들을 턴다. 코끼리 조각상 속에서 산다. 그리고 다른 누구와도 전혀 다른 모순되고, 다채롭고, 명랑한 개성의 소유자다.

그러나 이러한 현실주의적 성격은 사회적 · 정신적 의미를 함축하고 있다. 가브로시가 그들과의 관계를 전혀 모른 채 어린 동생들과 아버지를 돌보는 모습은 가난에 떠밀려 가족이 해체되는 사회적 비극을 강조한다. 그리고 "어쨌든, 내가 부모라면 이렇게는 내버려두지 않을 텐데"라는 말은 극적이고 사회적인 풍자의 걸작이다. 사회로부터 물질적인 도움이나 도덕적인 훈련을 받지 않은 이 거리의 부랑아는 이발사 같은 프랑스 일반 시민보다 어린이에게 훨씬 더 깊은 연민의 정을 지니고 있으며, 보호받지 못하는 계층에 대해 훨씬 더 강한 도의적 책임감을 느낀다.

그는 정신적 상징이기도 하다. 위고는 논평과 감상적 생각 없이 그를 통해 자연스럽고 소박한 기독교의 복음을 펼친다. 가브로시는 자신의 어려움은 아무렇지도 않게 조롱하지만 다른 사람들의 고통에 대해서는 심할 정도로 민감하다. 자기도 배가 고프면서 마베프에게 지갑을 주고, 거리에서 떠는 소녀에게는 옷을 주고, 굶주리는 아이들에게 빵과 거처를 제공하는 등, 어려운 사람들을 먼저 배려한다. 그리고 자신을 악의적으로 이용하는 사람들에게 친절하고, 아무리 힘들지만 부모를 존경하기까지 한다. 선행을 위해 자신과 싸워야 하는 장 발장과 달리, 가브로시는 선행을 자연스럽게, 심지어는 즐겁게 펼친다. 그러나 어느 쪽도 다른 쪽보다 열등하지는 않다. 두 사람 모두 역경을 극복하는 기독교 정신의 전형이다.

제 7 권

속어 찬가(俗語 讚歌)

제7권에서 위고는 자신의 속어 사용을 옹호하기 위해 궤도를 벗어난다. 그는 속어가 끔찍하고 유해한 언어라는 점을 인정하면서도 과학자와 마찬가지로 불쾌하다고 해서 어떤 현상을 그냥 지나칠 수는 없다고 한다. 가장 순수한 의미에서 볼 때 속어는 지배층에 대항하는 못 가진 자들의 무기이므로 그것의 보존은 사회학적 관심사다. 더욱이, 속어 연구는 속어를 낳은 불행을 치유하는 수단이기도 하다는 것이다.

속어의 정신이 악이라는 것은 일반적으로 인정된다. "그것은 언어가 스스로를 위장하는 분장실이다. 속어에는 행해야 할 어떤 악행이 있기 때문이다." 그러나 속어와 속어를 구사하는 사람들에게는 관용을 베풀자. 인간 존재는 어느 누구도 죄로부터 자유롭지 않다는 것을 지적하는 듯하기 때문이다. 인류의 보편적 불행은 우리 모두가 신의 보복이란 짐을 짊어지고 있음을 시사하는 것 같다.

윤리적 관심 외에도 속어는 문학적 가치가 있다. 그것은 악의 시다. 그리고 일종의 지질층으로서 그 속의 무수한 층에는 다양한 이질적 언어의 화석들이 들어 있다. 속어는 뭔가를 환기하는 표현들을 만들어내고, 은유를 생성하고, 언어를 자유롭게 재형성하고, 역동적이면서 끝없이 변화한다. 그리고 한 정신의 거울이기도 하다. 속어를 면밀히 연구하면 암흑가의 심리를 밝혀주기 때문이다.

위고는 작품에서 속어를 길이 남도록 만든 19세기의 유일한 소설가는 아니다. 졸라, 발자크, 디킨스 등이 등장인물들의 말에 진정성과 현실성을 덧붙이기 위해 종종 속어와 방언을 사용한다. 그러나 그것은 하나의 혁신으로 여겨졌고, 반드시 바람직한 것으로 받아들여지지는 않았다. 19세기의 많은 사람들은 예술 작품에서 그처럼 '저속한' 언어를 발견하면 무서워서 떨었다. 따라서 제7권은 위고의 견해를 생생한 문학적 논쟁으로 끌어내는 문서인 것이다.

16세기의 프랑스 플레이아드* 시인들은 프랑스어를 더욱 융통성 있고 문예부흥기의 보다 넓은 세계를 대표할 수 있도록 만들기 위해 문학 어휘에 새로운 방언과 전문적인 어휘들을 많이 편입시켰다. 그러나 17세기의 고전주의 작가들은 진정한 예술이란 고귀하고 아름다운 것만을 다룬다는 주의를 채택했고, 그것을 보편적이고 일반적인 용어로 표현했다. 이러한 견해에 따라 문학적 언어에서 대부분의 다채롭고 '특수한' 용어를 정화했으며, 18세기 작가들은 어휘를 단조로울 정도로 더욱더 축소했다. 초기 낭만파는 예술에 대한 고전주의자들의

---

* **플레이아드**(Pleiade): 16세기 프랑스에서 새로운 시적 경향을 주장한 시파. 프랑스어 순화에 힘쓰고, 고전 및 이탈리아 시형을 모방하여 시법(詩法)을 혁신했다.

혹평에 반기를 들고 어휘 제한에 대해서도 저항했다.

이 운동의 지도자들 가운데 한 사람이었던 위고는 거의 단독으로 '시적' 어휘의 개념에 완전한 혁명을 가져왔다. 그는 '혁명의 붉은 덮개를 옛 사전에 덮었다'며, 어떤 단어가 이국적이든 박식하든 고풍스럽든 전문적이든 저속하든 의미를 효과적으로 전달하기만 하면 사용하기를 주저하지 않았다. 그가 속어를 옹호하는 이유는 속어가 민중시의 다채로운 표현이며 그들의 용기를 나타내는 진정한 용기이자 반항적 절망을 나타내는 것이기 때문이다. 오늘날, 위고와 같은 시인들 덕분에 문학에는 검열받는 어휘가 없고, 작가들은 그 어느 때보다 자유롭게 예술적 어휘를 구사한다.

제8, 9권

혁명의 깃발 아래로

5월중, 마리우스는 매일 저녁 정원으로 코제트를 찾고, 두 사람은 순결한 아름다운 사랑을 경험한다. 그들은 애정이 담긴 대수롭지 않은 말을 교환하고 가볍게 웃는다. 마리우스는 코제트에게 찬사를 보내고 코제트는 사랑을 고백한다. 그들은 존재의 풍요로움을 그저 즐길 뿐이다. 발장은 마리우스의 방문을 전혀 모르고 있다. 노인이 잠자리에 들면 찾아오기 때문이다. 코제트는 지극히 고분고분해져 발장의 계획과 제안에 절대 반대하지 않는다.

유감스럽게도, 복잡한 일이 생겨 이들의 완벽한 단순성이 교란되려 하고 있다. 어느 날 마리우스는 에포닌을 만난다. 모든 연인들처럼 이기적이 된 그는 그녀를 완전히 잊었다. 그는 그 만남이 어색하고, 그녀 역시 다른 이유에서 당황한다. 그들은 겨우 몇 마디만 주고받는다. 다음날 그들이 다시 만난다. 그는 그녀를 피하지만 플뤼메 거리까지 쫓아간 그녀는 문 밖의 어두운 구석에 숨어 불쾌한 상념에 젖는다.

곧이어 사내 여섯 명이 그 집 앞에 모인다. 테나르디에 일당인 그들은 감옥에서 모의했던 대로 발장의 집을 털 계획이다. 에포닌은 그들의 주의를 딴 곳으로 돌리기 위해 돌연 숨어 있던 곳에서 나와 아버지를 포옹하고 공범들에게 인사를 건넨다. 그들이 아무런 반응을 보이지 않자 그녀는 다음 행동에 돌입한다. 그녀는 죽음의 위협에도 아랑곳없이 조금이라도 일을 저지를 움직임을 보이면 동네사람을 모두 깨우겠다고 단언한다.

그녀의 단호함에 놀란 일당은 마지못해 계획을 포기하고 어둠 속으로 흩어진다.

그러나 한 방향에서 제지된 불행은 다른 방향으로 다가온다. 에포닌이 밖에서 지키고 있을 때 코제트는 사망 선고와 같은 소식을 마리우스에게 전한다. 감시받고 있다는 생각에 놀란 장 발장이 그녀와 함께 영국으로 가기로 결정한 것이다. 마리우스는 필사적인 결심을 한다. 할아버지를 만나 그의 동정심에 호소할 작정이다. 최근에 마리우스가 질노르망을 보았더라면 좀더 희망을 가질 수 있었을 것이다. 손자와의 이별이 영원할지 모른다는 갑작스러운 깨달음에 노인의 독선은 슬픔으로 변했고, 마리우스에 대한 서운함도 누그러진 상태다.

마리우스의 예기치 않은 방문에 노인은 화해하고 싶은 마음이 간절하다. 그는 여느 때처럼 마리우스를 엄격히 대하고, 손자는 서먹서먹하게 대응한다. 자신의 서툰 행동과 마리우스의 둔감함에 화가 난 그는 결혼 승낙 요청을 거부한다. 길고 통렬하고 빈정대는 노인의 연설은 "절대 안 돼!"라는 단호한 반대로 절정에 이른다.

비탄에 빠진 마리우스가 "아버지!"를 부르며 울부짖는다. 그런데 이 말이 노인의 마음을 여는 주문이 된다. 돌연 그는 마리우스를 포옹하고 안락의자에 앉히고는 사랑 이야기를 깊은 연민으로 경청한다. 그러나 아무리 이해를 많이 해도 난봉꾼인 18세기 할아버지와 낭만주의적인 19세기 손자 사이의 골을 완전히 메울 수는 없다. 할아버지에게 마리우스의 애정 문제는 젊은이의 불장난에 불과하다. 그는 코제트를 정부로 삼는 게 어떠냐고 한다. 마리우스는 깊은 모욕감을 느끼고 화가 나서 자리를 뜬다. 깜짝 놀란 노인은 이번에는 두 사람 사이의 틈이 회복불능이라고 믿고 비탄의 고통 속으로 빠져든다.

한편, 발장은 샹 드 마르스의 비탈에 앉아 안전을 위협하는 새로운 위험들에 대해 곰곰이 생각한다. 그는 여러 차례 동네를 배회하는 테나르디에를 목격했다. 그리고 정치 소요로 경찰의 경계 태세가 최고조에 다다른 상태에서 경찰 조사의 희생물이 되지 않을까 두렵다. 또한 정원 벽에 수수께끼처럼 새겨진 글에 더욱 마음이 쓰인다. '베르리 가 16번지'는 마리우스가 코제트에게 써준 그의 주소에 불과했지만 장 발장에게는 불길한 징조였다. 그가 상념에 잠겨 있을 때 경계를 늦추지 않는 에포닌의 쪽지가 그의 앞에 떨어진다. 거기에는 "튀어"라는 한 마디 의미심장한 단어가 들어 있다. 인내가 한계에 도달한 그는 쪽지의 경고에 따르기로 결심한다.

마리우스는 완전히 절망한 상태에서 할아버지 집을 나선다. 그는 이성적인 판단 기능을 상실하고 정신 나간 사람처럼 오랜 시간 거리를 배회한다. 다음날 밤을 뜬눈으로 지새운 그는 다시 거리를 헤맨다. 그러나 이유도 모른 채 자베르의 권총들을 휴대한 상태다. 자기 고통과 코제트와의 마지막 밀회 생각에 흠뻑 빠진 그는 민중봉기의 소문을 그저 희미하게만 알고 있을 뿐이다.

저녁 아홉 시에 그는 애인에게 영원한 작별인사를 하러 정원에 도착한다. 그러나 이 마지막 위안도 거부당할 운명이다. 이미 코제트는 떠난 뒤. 마리우스는 마치 치명타를 입은 사람처럼 벤치에 주저앉는다. 그때 나무들 사이로 희미한 모습이 작은 목소리로 말을 전한다. "마리우스 씨, 친구들이 샹브르리 가의 바리케이드에서 당신을 기다리고 있어요."

마베프 역시 낙담해 있다. 그는 빈곤의 나락으로 빠져들고 있었다. 가브로시가 던져준 지갑도 아무 소용이 없었다. 고지식하고 정직해서 그것을 경찰에 신고했기 때문이다. 그의 쪽(물감) 실험은 처절한 실패로 돌

아갔고, 소장한 책들의 장서표들은 전당포업자에게 팔렸다. 그는 입에 풀칠할 돈조차 없어 희귀본들을 팔아야 하는 커다란 희생을 치르지 않으면 안 되었다. 각료가 약속한 도움도 결국 실망으로 끝났다. 마침내 그는 병든 하인에게 약을 사주기 위해 가장 소중한 디오게네스 라에르티우스의 저서도 처분해야 했다. 그는 무기고 방향에서 총소리가 나자 모자를 집어 들고 밖으로 나간다.

위고는 여기서 능숙하게 혁명의 정점으로 등장인물들을 모으기 시작한다. 모두가 한편이 되지는 않을 것이다. 예를 들어, 자베르는 경찰관으로, 발장은 자비의 천사로 있게 된다. 그리고 혁명가들 사이에서도 그 동기는 크게 다르다. 마리우

스는 인생에서 유일하게 소중히 여기는 것을 상실했고, 마베
프는 도대체 삶을 살아갈 여유가 없기 때문에 혁명에 몸을 던
질 것이다. A.B.C.의 동지들의 정서도 전적으로 정치적인 것
만은 아니지만 사건의 사실성과 그들의 행동에 신빙성을 더해
줄 것이다.

　　제3부가 시작될 때 등장인물 대부분의 삶은 파리 전역과
인근 마을에 흩어져 있는 가닥가닥의 실이었다. 워털루에서
대령과 함께했던 테나르디에, 코제트와 마리우스, 앙졸라와
가브로시는 서로 아무런 관련이 없는 것으로 보였다. 위고는
서서히 에포닌으로 마리우스와 코제트를, 테나르디에로 발장
과 자베르를, 어린 소년들을 통해 가브로시와 질노르망을 엮
었다. 이제 그는 훌륭한 작가답게 그들 주위에 마지막 고리를
던지며 모두를 공통의 중심으로 끌어당긴다.

제 10 권

일촉즉발

봉기는 환멸을 느낀 이상주의에서 비열한 분노에 이르기까지 모든 절망에 의해 조장되며 일정한 형식 없이 갑작스럽게 발생하는 큰불이다. 그러나 파괴성에도 불구하고 그 자체가 비난받아야 하는 것은 아니다. 그것은 소수가 국민의 총의를 좌절시키려고 할 때 잘못된 것이고, 민주주의의 목표에 이바지할 때 숭고해진다. "봉기는 때로 부활한다"고 위고는 말한다. 이러한 특성에 따라, 1832년 봉기는 정당했다. 더욱이 그 비판자들도 경의를 표할 정도로 영웅적인 행동들을 낳았다.

일촉즉발의 상황에서는 아주 작은 불씨만으로도 봉기의 불을 지필 수 있다. 1832년에는 제국의 영웅이자 이후 좌파의 정치적 지도자였던 라마르크 장군의 매장이 그 불씨를 제공한다. 6월 5일, 장례 행렬이 파리를 가로지르고 거사 준비를 갖춘 선동적인 무장 군중이 뒤를 따른다. 정부는 소요 사태의 규모에 우려를 표하고, 파리에 2만 4천 명, 교외에 3만 명의 병력을 배치했다. 아우스터리츠 다리 부근에서 누군가가 총을 세 발 쏘자 폭풍이 시작된다. 거대하고 치명적인 즉석 축조물들이 파리를 무장 막사로 변모시킨다. 깃발이 올라가고 무기가 징발되며 무기 공장들이 약탈당한다. 한 시간이 채 못 되어 알 지구에서만 27개의 바리케이드가 세워진다. 난공불락의 요새로 변한 파리 중심가는 반란군의 심장부가 된다.

정부는 국가 수비대를 포함, 전 병력을 동원해 반격하지만 지휘관들은 공격 명령을 내리기를 주저한다. 무서운 긴장감이 도시를 엄습한다.

소수 불만세력들의 항의 행동이 아니라 대규모 봉기라는 것이 느껴지기 때문이다.

1832년의 봉기에 대한 위고의 설명은 그가 배치되었던 소몽 길에서 겪은 기억과 한 친구의 체험담, 그리고 레이-뒤세일의 봉기에 관한 책 〈생메리 수도원〉에서 나온 것이다. 이 책에는 진짜 부랑아와 학생이 등장하지만 위고는 두 사람을 어엿한 등장인물―가브로시와 앙졸라―로 만들었다. 이 같은 출처들은 위고의 묘사에 목격자의 증언이 갖는 사실성과 직접성을 불어넣는다.

봉기에 관한 장들은 워털루에 관한 책과 짝을 이룬다. 위고는 독자의 감정을 자아내기 위해 풍자와 비감, 시와 행동이 섞인 동일한 기법을 사용한다. 3장은 이러한 기법을 잘 나타내는 예다. 그는 다가오는 반란을 자연 현상인 닥쳐오는 폭풍우에 비유했으며, 그 진행 상황을 동일한 은유적 표현으로 묘사한다. 우선 민중 사이에 퍼진 '소문'을 수평선상에서 처음 으르렁대는 희미한 천둥소리로, 그리고 겁먹은 아낙네들과 아이들의 숨은 눈이 지켜보는 장례 행렬 뒤에 숨은 반란군의 운집, 도열, 재합류는 뇌운이 빠르게 이동해 모이는 모습과 흡사하다. 마지막으로 총성은 첫 번개처럼 대홍수를 위해 하늘을

연다. 이러한 형상들 사이에는 대화, 시각적인 느낌, 사건들에
대한 정확하고 설득력 있는 세부 사항과 그 순간이 지닌 뜻밖
의 역사적인 결과와 장엄함을 강조하는 두 가지 관찰이 산재
해 있다. 하나는 나폴레옹의 후계자 라이히슈타트 공이 군중
들이 차기 왕으로 고려하는 순간에 죽어가고 있다는 것과 다
른 하나는 미국 독립전쟁의 영웅 라파예트가 자유를 위한 이
새로운 봉기 세력의 규합점 역할을 한다는 것이다.

: 줄거리

봉기

가브로시는 참전을 결심한다. 고물상에서 힘들이지 않고 낡은 권총 한 자루를 훔친 그는 노래를 흥얼대면서 거리를 활보한다. 유감스럽게도 그 권총에는 공이치기가 없지만 개의치 않는다. 총은 치명적이지 못하더라도 그의 독백은 격앙되어 있다. 비록 케이크 한 조각을 살 돈은 없어도 게시판을 뜯거나 부르주아를 모욕하는 데서 커다란 즐거움을 얻고, 노파 세 명의 성난 발언도 적당히 받아넘긴다. 그는 소년들을 너무도 냉담하게 대했던 이발소 주인에게 창문을 통해 돌을 던진다. 인생은 끊임없는 모험이다.

이제 그는 인생 최고의 모험을 막 떠나려고 한다. 생 장 시장에서 앙졸라 무리를 만난 그는 그들 대열에 합류하기로 한다. 그들은 행진하면서 새로운 대원들, 노동자들, 예술가들, 학생들을 규합한다. 레디기에르 가에서는 전혀 어울릴 것 같지 않는 선동가 마베프가 들어와 소란스러운 군중을 따라간다. 빌레트 가 근처에서는 키가 훤칠한 반백의 사나이가 합류한다.

자기 집 앞을 지나는 틈을 이용해 약간의 돈과 여행 가방을 챙긴 쿠르페락은 집을 나서다가 마리우스를 기다리던 젊은 노동자와 몇 마디 주고받는다. 그 노동자는 그를 따른다.

알에 인접한 미로 같고 음침한 거리가 있는 오래된 동네에 샹브레리 가가 있다. 한쪽 끝은 옛 코랭트 포도주 가게가 들어선 일련의 높은 집들로 막혀 있다. 그곳에서 벗어나는 좁다란 몽데투르 길이 없다면 그 거리는 막다른 골목이 될 것이다. 어떤 이유에선지, 음식도 형편없고 와인도 말이 아닌 데다 실내 장식도 엉성한 코랭트는 A.B.C. 동지들의 소굴이 되었다.

6월 5일, 막역한 친구인 레이글 (보시에)과 졸리가 코랭트에서 점심을 먹고 있다. 그들에게 술을 빵 대신 먹는 그랑테르가 합류한다. 그는 밖에서 들끓는 소란에는 아랑곳 않고 포도주 두 병을 양껏 마실 작정이다. 결국 술은 우울한 시인이 되어 불완전한 인간과 신에 대해 뒤틀린 듯 혀 꼬부라진 말을 늘어놓는다. "나는 인간이 싫어." 책이란 하찮은 것들을 증식시킨다. 여자들은 탐욕 때문에 정조를 바친다. 잔인한 이기심이 국제 관계를 지배한다. 신은 상상력이 빈곤한 창조주로서 혁명, 위대한 인물들, 그리고 암살을 통해 끊임없이 피조물을 수정해야만 하는 존재다. 우주는 초라한 곳이며 모든 것이 잘못되어가고 있다.

모든 것을 싸잡아 비난한 그랑테르가 다시 독설을 시작하려고 할 때 아홉 살짜리 소년이 앙졸라의 비밀 전갈을 갖고 레이글에게 온다. "A.B.C." 그것은 라마르크 장례식 초청장이다. 그러나 정치보다는 술을 좋아하는 세 친구의 테이블은 두 시가 되자 빈 병들로 뒤덮인다. 특히 그랑테르는 작정하고 포도주 대신 브랜디, 흑맥주, 압생트를 섞은 독주를 마시고 있다. 갑자기 소동이 벌어지면서 취중 대화가 중단된다. 보시에가 창밖을 보니 앙졸라와 무장한 동료들이 바리케이드 세울 곳을 찾고 있다. 그는 코랭트 앞의 공간을 제의한다. 술 속에 진리가 있었던가. 그 장소는 전략적으로 완벽했다.

대번에 집과 거리가 텅 비고, 이내 사람 키보다 높은 방어벽이 거리를 봉쇄한다. 그랑테르를 제외한 모두가 미친 듯이 참가한다. 그저 수수

방관하고 있는 그랑테르는 종잡을 수 없는 열변을 토한다. 짜증이 난 앙졸라가 떠나라고 심한 말을 하지만 그는 거부하고 목숨을 바치겠다고 약속하고는 인사불성이 되어 쓰러진다. 앙졸라, 콩브페르, 쿠르페락의 활기찬 지시에 따라 원래의 바리케이드에 또 다른 바리케이드가 추가되어 몽데투르 거리 한쪽을 신속하게 차단한다.

이 바리케이드에는 이제 50명의 반란군이 지키고 있다. 그들은 연령과 얼굴이 각양각색이고, 설명할 수 없는 무기와 복장이 결합된 혼성군이다. 이 낯선 사람들 사이에는 완전한 동지애 정신이 퍼져 있다. 가브로시는 이 무리의 생명이다. 그는 끊임없이 움직이면서 노동자를 격려하고, 학생들을 부추기고, 모든 사람을 자극한다. 그의 열정을 훼손하는 단 하나의 그늘이라면 쓸모없는 총 때문에 기분이 언짢다는 것이다.

해질 무렵 바리케이드는 완성된다. 전투 준비가 갖춰지고, 보초들도 배치된다. 깊어가는 적막 속에 반란군은 조용히 기다린다. 젊은이들은 사랑의 시를 암송할 정도로 침착하다. 가브로시만이 생각에 잠겨 있다. 빌레트 거리에서 온 사나이는 지나칠 정도로 스스럼이 없다. 마침내, 가브로시는 그 수수께끼의 열쇠를 발견하고 아연실색한다. 정찰을 내보내려고 다가선 앙졸라에게 가브로시가 놀라운 정보를 제공한다.

"키 큰 사내가 보입니까?"

"응, 그런데?"

"첩자예요."

앙졸라가 즉각 그 용의자를 심문하자 그자는 거만하게 신분을 시인한다. 그의 서류를 통해 그가 자베르이며 반란군 정탐 명령을 받았다는 것이 밝혀진다. 포박된 그는 바리케이드의 함락 바로 직전에 총살될 운명이다. 의기양양해진 가브로시는 정찰을 위해 밖으로 나가기 전에 자베르의 권총을 요구한다. "나는 클라리넷을 원해."

영웅주의를 낳는 봉기는 인간의 어두운 면도 드러낸다. 르 카뷕이란 자가 높은 건물 위에 저격수를 배치하는 계획을 내놓지만 겁을 먹은 입주자들이 문을 걸어놓았다. 르 카뷕은 문을 부수려고 했으나 소용이 없다. 시끄러운 소리에 창밖으로 고개를 내민 수위가 문을 열어주지 않으려고 하자 르 카뷕이 그에게 총을 쏜다. 앙졸라는 조금도 주저하지 않고 그 살인자의 목덜미를 잡아 무릎을 꿇리고 잠시 죽음을 준비하게 한 다음 처형한다. 그는 침묵하는 청중들에게 조사를 낭독하면서 자신의 불가피한 행동에 대한 공포심과 사랑의 치세가 죽음의 치세를 대체할 미래에 대한 희망을 피력한다.

한편, 절망에 빠진 마리우스는 바리케이드의 친구들과 합류하라는 소리를 운명의 명령으로 해석한다. 죽고 싶은 생각에 그가 군중 사이를 헤집고 군대를 피해 당도한 곳은 광활하고 깜깜한 무주공산이다. 생 메리의 고통스런 경종소리만이 적막을 깬다.

칠흑 같은 어둠 속에서 붉은 횃불을 발견하고 그쪽으로 가보니 샹브레리 거리의 바리케이드이다. 그는 안으로 들어가기 전에 마음속에서 일어나는 모순된 감정의 흐름을 살핀다. 우선 그는 아버지의 용맹성을 모방하는 것이 자랑스럽다. 이어 참가할 싸움의 비열한 성격에 전율하지만 절망감과 친구들에 대한 의리 때문에 달리 대안이 없다. 마침내 밝은 생각이 떠오르면서 망설임이 사라진다. 전쟁이란 외국인이든 동포든 적의 신분에 의해 판단되는 것은 아니다. 우리는 모두 형제이므로 모든 전쟁은 동족상잔이다. 전쟁은 이상에서 그 정당성을 찾는다. 따라서 자유를 위해 싸우려는 마리우스의 대의는 정당하다.

저녁 열 시, 바리케이드 뒤 혁명가들의 오랜 기다림은 끝이 난다. 가브로시는 경고를 노래하고 순찰 후 숨이 차 바리케이드로 돌아간다. 반군들은 전투 태세를 취한다. 잠시 후 절도 있고 서두름이 없는 발자국 소리가 점점 크게 들려온다. 한 실체 없는 목소리가 수하한다. "누구냐?" "프랑스 혁명"이라고 응답하자 일제 사격으로 바리케이드가 흔들리고 깃발이 부러진다. 한 대원이 깃발을 다시 세우려고 나선다. 마베프이다. 유령처럼 그는 지켜보는 사람들에게 경외심을 일으키며 바리케이드로 올라가 "공화국 만세!"라고 외치다가 총탄에 맞아 쓰러진다.

반군들이 마베프에게 마지막 경의를 표하는 동안 정부군은 공세를 취하며 요새 위로 올라온다. 가브로시와 쿠르페락은 죽을 위험에 처해 있다. 가브로시를 공격하려던 병사는 이마에 총알을 맞고, 쿠르페락을 공격하려던 병사는 가슴에 총을 맞는다. 마리우스는 용감하게 이 전투에 참가한다. 한 병사가 그에게 총을 겨누고 죽음은 피할 수 없어 보인다. 이때 한 젊은 노동자가 그 병사의 총구를 손으로 막아 마리우스의 생명을 구한다.

바리케이드로 밀려드는 군대에 쫓겨 반란군 대부분은 포도주 가게 안으로 피신했다. 갑자기 우레 같은 목소리가 사격 중지를 명령한다. 마리우스는 손에 횃불을 들고 담장 위에 서서 횃불을 화약통에 던질 태세다. "저리 비켜요. 안 그러면 바리케이드를 폭파시킬 거요." 바리케이드 위로 기어오르던 병사들은 혼비백산해서 후퇴한다.

기뻐하던 반란군은 가장 용감한 동지 중 하나인 장 프루베르가 포로가 된 것을 보고 기가 꺾인다. 콩브페르는 장과 자베르의 교환을 제의하지만 받아들여지지 않는다. 콩브페르가 말을 끝내자마자 쩌렁쩌렁한 목소리가 들린다. "프랑스 만세! 프랑스 미래 만세!" 그런 다음 총소리가 들린다. 장 프루베르는 처형된 것이다.

모두의 시선이 주 바리케이드에 집중되고 있을 때 마리우스는 동지들이 모두 떠나고 없는 작은 바리케이드를 점검하기로 한다. 점검을 마치고 그가 막 돌아서려고 할 때 "마리우스 씨!" 하고 힘없는 목소리가 들린다. 그날 아침 그를 바리케이드로 불렀던 목소리와 똑같다. 깜짝 놀란 마리우스는 에포닌이 기어오는 것을 발견한다. 그녀는 손에 부상을 입었다. 그를 겨냥한 총구의 방향을 돌려놓은 노동자가 바로 그녀였던 것이다. 그러나 그 총탄의 충격을 모두 받아 몸에도 치명상을 입었다. 마리우스는 그녀의 머리를 무릎에 얹고 슬픈 고백을 듣는다. 가장 중요한 순간에 그를 발견한 기쁨, 그가 죽기를 바라면서 바리케이드로 유인했던 질투심, 마지막 순간에 그의 생명을 구한 심경 변화 등등. 그리고는 자기가 가브로시의 누이라며 마리우스에게 전할 편지가 있다고 말한다.

에포닌이 죽자 마리우스는 약속대로 그녀의 이마에 가볍게 입을 맞춘다. 그녀의 시신 곁에서 편지를 읽는 것이 부적절하다고 느낀 그는 여인숙으로 들어간다. 마리우스에게 플뤼메 거리를 떠난다는 것을 알리는 코제트의 쪽지였다. 그는 순간 이 같은 사랑의 증표로 의기양양해지지만 잠시뿐이다. 그들의 결혼 가능성이 어느 때보다 요원하기 때문이다. 그는 다시 한 번 죽음에 몸을 맡기고 마지막 준비를 한다. 그는 일석이조의 효과를 노리고 가브로시가 코제트에게 전할 쪽지를 쓴다. 코제트에게 사랑을 확신시키고 소년 가브로시도 구하겠다는 속셈이다. 이어서 그는 자기 시신을 할아버지에게 인도해 달라는 지시를 남긴다.

결전의 순간을 놓칠까봐 가브로시는 심부름을 해줄 생각이 없었지만 마리우스가 제의한 다음날까지 기다리지 않고 즉시 돌아올 심산으로 쪽지를 가지고 떠난다.

6월 4일 반란 직전, 발장은 롬 아르메 거리에 있는 은신처로 이사한다. 너무나 놀란 그는 코제트의 전례 없는 반대도 무시한다. 눈에 띄지 않고

방치된 동네에 위치한 롬 아르메 거리의 새 거처에 들어앉자 그는 안심이 된다. 반면, 매우 심란한 코제트는 하루 종일 자기 방에 틀어박혀 식사 때만 나타나면서도 두통을 호소하며 식탁에서 일어난다.

영국에서 다시 찾을 행복에 마냥 들뜬 발장은 코제트의 섭섭한 마음은 아랑곳하지 않는다. 그러나 그의 꿈을 산산조각 내는 쪽지가 발견된다. 탁자 위에는 코제트의 압지대를 비추고 거꾸로 된 쪽지를 바로잡는 거울이 놓여 있다. 코제트가 마리우스에게 보내는 편지다. 처음에 발장은 이 증거를 인정하지 않으려고 하지만 거울 속에 그대로 남아 있지 않은가.

유혹에 결코 굴복한 적이 없던 그는 자신이 약해지는 것을 느낀다. 가장 힘든 시금석은 사랑하는 사람을 잃는 것이기 때문이다. 악마의 목소리는 사랑이 한 사람에게 집중될 때, 한 사람의 존재가 대개 형제, 어머니, 아내 사이에 애정을 나눠야 하는 대상일 때, 그리고 낯선 이가 그 사랑을 파괴하려고 위협할 때, 특히나 집요하고 억제할 수 없을 정도가 된다. 노년의 비극적인 절망 속에서 증오에 굴복한 장 발장은 문지방에 걸터앉아 자신의 깊은 불행을 관조한다.

가브로시가 그를 발견한다. 늘 밝은 아이에게 감동받는 발장은 그와 대화를 나누고는 약간의 돈을 건네고, 몇 개의 가로등을 깨도록 허락한다. 이어 약간의 거짓말을 보태 마리우스의 편지를 건네줄 것과 마리우스의 소재를 알려달라고 설득한다. 가브로시는 어둠 속으로 사라지면서 작별 인사로 가로등 하나를 더 깬다.

복받치는 감정에 사로잡힌 발장은 서둘러 자기 방으로 가서 마리우스의 편지를 읽는다. "저는 죽습니다. 당신께서 이 편지를 읽을 때면 나의 영혼은 당신 곁에 있을 거요." 발장의 첫 반응은 추한 승리감과 자신의 문제를 운명이 해결해 주는 데 대한 환희의 감정이다. 그러나 이 기분도 급속히 사라지고 한 시간 후에 그는 국가 방위군 제복을 입고 알로 향한다.

　가브로시는 한껏 좋은 기분으로 연가를 부르며 돌아오던 길에 마차에서 술을 깨려고 잠자고 있는 술꾼을 발견하고 그 마차를 혁명을 위해 징발한다. 그는 그 술꾼을 보도에 내려놓고 공화국 명의의 영수증을 남긴다. 유감스럽게도, 그의 승리의 행진은 매우 소란스러워 국가 방위군 부사관의 주의를 끈다. 가브로시는 그에게 몇 마디 모욕적인 언사를 해대고 마차를 그의 배에 밀어붙인다. 그가 쓰러지면서 총이 발사되자 동료들이 그를 구하러 달려오면서 15분간 마구잡이로 총질을 해댄다. 사정거리를 벗어난 가브로시는 불손한 몸짓과 작별가를 부르며 갈 길을 간다.

　이 부분에서 봉기는 처음으로 생명들을 앗아간다. 그러나 마베프와 에포닌의 죽음은 비극일 뿐만 아니라 광채도 지닌다. 마베프는 굶어죽는 수치스러운 굴욕을 견디느니 의도적으로 자살을 감행한 것이고, 그의 몸부림은 보상받는다. 연구와 과학을 통해 시민들의 존경과 찬사를 추구한 헛된 인생을 산 끝에 자유 투사라는 어울리지 않는 역할로 맞은 최후의 순간은 그에게 영원히 남을 영광을 안겨준다. 에포닌의 경우 역시 마리우스를 겨냥한 총구를 자신에게 돌려 어떤 의미에서는 자살을 한 것이다. 마베프처럼 그녀에게도 미래는 오욕과 고통만 있었을 것이고, 마리우스의 팔에 안겼던 짧은 순간은 어쩌면 그녀가 경험한 단 한 번의 행복이었을지 모른다.

　그러나 르 카뷕과 수위의 죽음은 이 폭력 장면에 더욱 음울한 빛을 던진다. 전쟁은 인간의 고상한 본능뿐만 아니라 비열한 본능까지도 드러내며 죄 없는 자들에게 고통을 준다. 범죄자를 신속히 처단한 앙졸라와 좀더 완전한 세상을 꿈꾸는 그의 애처로운 상상력은 이러한 동기 없는 살인의 공포를 다소 누그러뜨리는 동시에 동지를 처형한 사실은 그가 품은 이상의 절대 순수성과 정직성을 강조하지만, 위고는 우리에게 무고한 시신들의 축 늘어진 머리를 결코 잊게끔 하지 않는다.

　밤의 바리케이드 장면은 또 다른 흑백의 교묘한 장면 묘사 중 하나이며 우리들의 상상력을 좌우하는 상당한 힘을 갖는다. 그러나 이번에는 달빛이 아니라 진홍빛 핏자국을 밝히는 횃불이다. 그곳에 당도한 마리우스의 눈에는 운집한 반란군 너머로 '그에게는 이례적으로 친절해 보였던 일종의 구경꾼이나 목격자'가 희미하게 들어온다. 르 카뷕이 살해한 수위였다… 그의 머리에서 흘러나온 선혈이 진홍빛 그물처럼 창문에서 이층까지 흘러내리다가 멈춰 있었다."

　또 다시 장 발장은 말이나 생각이 아니라 직접 행동으로 범상치 않은 결정을 내린다. 그러나 그 결정의 의미는 제2부의 아라스 행 결정처럼 마지막 순간까지 모호하며, 어쩌면 발장 자신에게도 모호할지 모른다.

　마리우스에 대한 증오는 물론, 혁명이 코제트의 인생에서 마리우스를 제거해 줄지도 모른다는 생각에 기뻐하는 마음 역시 진심이다. 장 발장은 졸장부가 아니고 주교에 의해 사람이 바뀌었다고 해도 완벽하게 선뜻 선을 베풀 사람이 아니다. 모든 사람이 그렇듯 그에게도 늘 악이 존재하고, 그가 그 악에 굴복할 경우 그를 놀라울 정도로 선한 사람으로 만들었던 비상한 힘과 교활함이 그를 지독한 악인으로 만들 것이다. 테나르디에의 다락방 장면 이후 마리우스가 그를 불신한 것은 잘못이 아니었다. 그의 특출한 잠재력은 언제나 그를 감동적이면서도 무서운 존재로 만든다.

발장은 국가 방위군 제복을 입고 집을 나선다. 왜? 방위군에 합류해 마리우스의 죽음을 확인하기 위해서일까, 아니면 거리를 안전하게 걷기 위해서일까? 위고는 여기에 대해 일어반구 말이 없다. 그러나 사람은 자기가 무엇을 할지에 대한 생각이 분명치 않을 경우에는 본능적으로 자기가 하지 않을 짓은 하지 않는다.

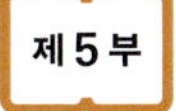

제5부

장 발장

제1권 1-10장

대결전

샹브레리 거리의 바리케이드는 무너지기는커녕 더욱 강화되었다. 부상자들에게는 붕대를 감았고, 붕대용 린트천도 준비했으며, 총탄도 새로 장만했다. 반면, 식량이 바닥나면서, 반란군은 배고픔으로 고통받기 시작한다. 식량이 떨어지자 앙졸라는 대원들에게 금주령을 내린다.

동이 트고 잠을 자려하지 않거나 잘 수 없었던 반란군은 담소를 나누고 있다. 대화에는 그들의 절박한 상황이 나타나지 않고, 해학적이고 문학적이며 철학적이다. 어조는 낙관적이다. 그러나 그 분위기는 정찰을 나갔던 앙졸라가 대규모 병력이 바리케이드 함락을 위해 배치되었으며 국민 전체가 이 봉기에 동참하지 않았다는 절박한 소식을 가져오면서 산산조각 난다. 낙관론은 절망으로 변하지만 패배주의는 아니다. 반란군은 최후의 일인까지 싸울 것을 맹세한다.

그러나 이런 희생을 받아들이려고 하지 않는 앙졸라는 비상사태를 대비해 남겨둔 국가 방위군 제복을 네 벌 꺼낸다. 이 제복을 착용한 사람은 안전하게 통행할 수 있을 것이다. 아무도 가려고 하지 않자 콩브페르가 영웅주의의 부질없음을 지적하며 가장들은 돌아가 소녀들이 창녀가 되지 않고 자녀들이 굶주리지 않게 하는 싸움을 계속하라고 촉구한다. 이어 기혼자들이 서로에게 이곳을 떠나라며 간청하는 가슴 뭉클한 광경이 펼쳐지고, 마침내 대열에서 다섯 명이 선발된다. 그러나 제복은 네 벌뿐이다. 이때, 제복들 위에 다섯 번째 제복이 떨어진다. 막 바리케이드로 들어선 장 발장이 입었던 것이다. 그는 동지이자 구세주로서 환영받는다.

이 중요한 순간에 앙졸라는 두려움 따위는 아랑곳없이 이상향적인 관념에 빠져 교육이 가져다줄 개화, 자기들의 희생으로 태어날 조화—평등, 정의, 자유의 시대—를 예측한다. 마리우스는 다른 생각을 하고 있다. 그는 아직도 비탄으로 멍한 상태이고, 세상은 그에게 꿈의 비현실성을 가르친다. 코제트의 '아버지'가 왔어도 거의 아무런 느낌이 없다.

그날 밤에 벌어진 극적인 일로 모두들 자베르를 생각할 겨를이 없었다. 기혼자들이 떠난 후 갑자기 자베르를 기억해낸 앙졸라가 물 한 잔을 건네

고 탁자 위에 좀더 편안하게 포박해 놓는다. 이 광경에 눈길을 돌린 발장이 숙적을 알아보고, 고개를 돌린 자베르 역시 태연하게 발장을 알아본다.

동이 틀 때, 접근하는 대포의 우레 같은 소리와 함께 공격이 시작된다. 대포가 나타나고 앙졸라는 소리친다. "사격!" 비처럼 퍼붓는 총알은 목표물을 빗나가고 대포는 앞으로 다가온다. 첫 포탄은 바리케이드의 외곽 한쪽을 형성하고 있는 쓰레기더미에 떨어져 별 피해를 끼치지 않는다. 포탄과 동시에 가브로시는 명랑하게 "출석입니다!"라고 말하며 바리케이드 안으로 뛰어든다. 그가 당도하자 동료들은 기뻐하며 반기지만 그에게 이러한 시련을 면하게 해주고 싶었던 마리우스는 당황한다. 그러나 두려움을 모르는 가브로시는 무심하게 총을 달라고 한다.

포수들은 표적을 수정하고 갑자기 방향을 바꿔 벽 바깥쪽에 포도탄을 쏜다. 이번에는 반란군 2명이 죽고 3명이 부상한다. 앙졸라는 신중하게 대대를 지휘하는 상사에게 총을 겨누고 방아쇠를 당겨 그를 처치하지만 승리감은커녕 적의 죽음에 슬픔만 느낀다. 포수들이 다시 포격 준비를 한다. 포탄의 충격을 흡수하려면 매트리스가 필요하다. 발장은 창문을 보호하는 매트리스를 보고 놀라운 사격술로 밧줄에 총을 쏴 떨어뜨린다. 애석하게도, 매트리스가 바리케이드 밖으로 떨어지자 발장은 침착하게 적의 사정거리 내로 나가서 그것을 가져온다.

같은 날 동이 틀 무렵, 코제트는 달콤한 마리우스 꿈을 꾸다가 잠에서 깬다. 자기 전갈을 받은 그가 곧 올 것이라고 믿는 그녀는 재빠르게 옷을 입고 창가로 간다. 창가에서는 거리가 보이지 않아 울던 그녀는 대포 소리를 듣는다. 그러나 그 소리가 뭔지 모르는 그녀는 창문 바로 밑에서 둥지를 트는 흰털발제비 가족을 들여다보기 바쁘다.

전과자이자 수배중인 장 발장은 '법과 질서'의 군대에는 어울리지 않는다. 포도주 가게에 당도한 그는 제복을 벗고 바리케이드를 넘는다.

발장은 일단 바리케이드 안으로 들어서자마자 소속감을 느낀다. 그는 적절한 선물을 갖고 적시에 도착했다. 그는 레미제라블 가운데 한 사람이었고 그들을 개인적으로 은밀히 돕는 데 인생의 상당 부분을 보냈다. 그가 그들을 위해 공개적으로 행동하는 것은 전혀 이상할 것이 없다. 그러나 자베르와 마리우스는 진정으로 '가난한 사람들' 축에 끼지 못하며, 따라서 그들에 대한 발장의 태도는 계속 모호하다.

코제트에게 할애된 짧은 장은 반란의 고뇌와 흥분으로부터의 반가운 휴식이다.

: 줄거리

반란군의 최후

정부군은 반란군의 반격을 자극해 힘을 뺀 다음 공격하려는 속셈으로 사격을 계속한다. 그러나 앙졸라는 이 함정에 말려들지 않는다. 조바심과 호기심이 생긴 정부군은 바리케이드가 내려다보이는 지붕 위로 관측병을 보낸다. 발장은 관측병의 헬멧 정면을 맞히고, 그 다음의 관측병에게도 똑같은 타격을 입힌다. 보시에는 왜 죽이지 않느냐고 묻지만 발장은 대꾸하지 않는다.

대포가 한 문 더 올려지면서 공격은 갑자기 파괴적이 된다. 바리케이드 위를 조준한 포는 보도블록을 박살내고, 튀는 파편들을 피해 반란군은 뒤로 물러선다. 방어되지 않는 벽은 이제 공격만 받으면 끝장이다. 위험을 직시한 앙졸라는 정부군 포수들을 제거하라고 명령한다. 정확한 일제 사격으로 그들 중 3분의 2를 처치하지만 막대한 대가를 치른 승리였다. 너무 많은 실탄을 소모했던 것이다.

가브로시는 별생각 없이 사태를 수습하기로 결심한다. 그는 장을 보는 주부처럼 소쿠리를 쥐고 방어벽을 뛰어넘어 길에 쓰러진 죽은 병사들의 탄창 백들을 주워 담는다. 일시적으로는 두터운 연막의 보호를 받지만 겁 없이 적진에 너무 가까이 접근하고 말았다. 정부군들이 그를 발견하고 사격을 가한다. 그는 위축되지 않고 하던 일을 계속한다. 똑바로 서서 민요를 약간 부르기도 한다. 총알이 주위에 쏟아진다. 그는 점프하고, 돌진하고, 사라지고, 다시 나타나는 등, 죽음과 공포의 경기를 펼치다가 마침내 그의 마법이 힘을 잃으면서 총탄을 맞고 쓰러진다. 가브로시는 백조의 노래를 부르지 않고는 죽을 수 없다. 그는 가까스로 일어나 앉아 조롱가를 한 소절 더 노래한다. 또 다른 총탄이 그를 쓰러뜨린다.

가브로시가 엎어져 움직이지 않을 시간, 두 부랑아가 손을 맞잡고 인적 없는 룩셈부르크 공원을 걷고 있다. 가브로시가 형제인 줄 모르고 돌봐주었던 아이들이다. 1832년 6월 6일 오늘, 정원은 지상낙원이다. 갖가지 꽃, 새, 곤충들이 햇빛을 만끽하고 있다. 그러나 이 축제 같은 분위기에 두 소년이 음울한 기운을 보탠다. 굶주렸기 때문이다.

이들만의 공간은 한 부유한 부르주아와 그를 따르는 여섯 살배기 아들에 의해 방해받는다. 꼬마는 무심하게 롤빵을 먹고 있다. 아버지는 자식에게 '현명한 사람은 작은 것에 만족한다'는 교훈적인 가르침을 주고 있다. 아들이 롤빵을 먹지 않으려고 하자 동정심을 가르치기 위해 그 빵을 백조에게 먹여보라고 한다. 꼬마는 롤빵이 가라앉기 전에 백조들의 주의를 끌려고 노력한다. 그때 반란군의 소리가 점점 더 커지자 현명하고 사려 깊은 아버지는 아들을 데리고 집으로 간다. 두 사람이 사라지자마자 테나르디에의 장남은 백조에게서 물에 젖은 롤빵을 빼앗아 동생과 나눠 먹는다.

콩브페르와 마리우스는 소쿠리와 가브로시의 시신을 회수하려고 바리케이드에서 뛰어 나간다. 가브로시가 거둔 탄창들은 15발씩의 탄환을 넣어 대원들에게 분배된다. 발장은 자기 몫을 거절한다. 역설적이게도 상황이 비관적이 되면서 바리케이드 안의 대원들이 더욱 침착해진다. 그들은 임박한 죽음을 무시하는 것 같지만 이 고요함은 종말론적인 분위기를 감추고 있을 뿐이다. 바리케이드의 전사들은 최후의 감정을 경험하고, 미래를 예견하고, 깊이를 알 수 없는 감정의 나락으로 떨어지고, 영원과 접촉한다.

정오에 앙졸라는 보도블록들을 포도주 가게의 창문들로 들고 오라고 명령하고, 문에 바리케이드를 설치하기 위해 층계와 난간들을 잘라내려고 도끼들을 준비한다. 그러나 그는 퇴각하기 전에 마지막으로 할 일이 하나 남아 있다. 자베르를 처형하는 일이었다. 발장이 "그의 머리통을 날려버리자"고 제의하자 선뜻 받아들여진다. 밖에서 나팔소리가 들리자 그는 권총의 공이치기를 젖힌다. 자베르는 마지막까지 득의양양함을 잃지 않고 비아냥거린다. "당신은 나보다 나은 게 없소."

포위된 반란군이 바리케이드 방어를 위해 달려가자 발장은 그를 나머지 대원이 안 보이게 측면 벽 너머로 데려간다. 발장은 차분히 복수를 권하는 자베르의 포승줄을 풀어준다. "당신은 이제 자유요." 그리고 덧붙인다. "나는 롬 아르메 거리 7번지에서 포시르방이란 이름으로 살고 있소." 쉽게 놀라지 않는 자베르이지만 발장의 행동에는 아연실색한다. 천천히 그곳을 떠나던 그가 돌아서서 다시 한 번 자기를 죽이라고 말하자 발장이 달아나라고 명령한다. 자베르가 떠나자 발장은 허공에 총을 발사해 처형이 집행되었음을 알린다.

한편, 마리우스 역시 자베르와 마주쳤던 기억을 되찾는다. 앙졸라가 그의 신분을 확인해 줄 때 권총 소리와 발장의 외침이 들려온다. 마리우스는 공포감에 휩싸인다.

이 시점에서 위고는 1832년 민중 봉기의 실패를 놓고 토의하기 위해 잠시 이야기를 중단한다.(20장) 그는 장기적으로 인류의 자연스럽고 필연적인 방향은 전진이지만 그 전진이 한결같지 않다는 점을 깨닫는다. 때때로 특정 세대가 일반 민중의 행복보다 자신의 행복을 우선한다. 위고는 이 같은 이기주의에 대해 가혹하지 않다. 그는 인류의 이익보다 자신의 이익을 선호하는 개인의 권리를 인정한다. 일반적으로, 사람들은 혁명이나 반란 같은 폭력적인 형태의 발전에 저항한다고 말한다. 사람들은 폭력을 두려워하고 그들에게 동기를 부여하는 이상을 이해하지 못한다. 그러나 사리사욕은 제아무리 이해할 수 있다 하더라도 인간을 이끄는 원칙이 되어서는 안 되고 그렇게 되지도 않을 것이다. 파리가 반란군을 거부한 것은 일시적인 탈선이자 하나의 병이었다. 인류는 근본적으로 건강하다. 그 어떤 퇴보, 용기 부족, 단속성(斷續性)에도 불구하고 인류는 분명 그 궁극적인 이상으로 전진하고 있다.

바리케이드에서 정부군은 산개해서 공격을 펼친다. 반란군은 격렬하게 반격해서 다시 한 번 정부군을 밀어낸다. 마리우스와 앙졸라는 양극적인 모습을 보이며 저항한다. 마리우스는 충동적으로 자신을 위험에 노출시키고, 앙졸라는 자제하면서 무서울 만큼 효율적으로 싸운다.

잠시 동안 교착 상태가 이어진다. 거의 난공불락의 요새에 있는 반란군은 적을 막아내지만 대규모 병력의 정부군을 이겨낼 수는 없다. 그들은 서서히 끊임없이 담장으로 쇄도하는 정부군의 물결에 지쳐간다. 무기는 간 데 없고, 많은 사람이 죽었으며, 거의 모두가 부상당했다. 그들의 방어는 장엄한 서사시로, 호머다운 행동과 중세의 영웅들에 비견될 만하다.

피할 수 없는 상황이 마침내 일어난다. 보병들이 중앙에 돌파구를 마련한다. 영웅적으로 맞서 싸우던 반군이 약해지기 시작한다. 우선 어떤 집으로 피신하려 하던 그들은 이어 코랭트 안으로 몸을 던진다. 용감한 전사 앙졸라는 그들의 퇴각을 엄호하면서 육중한 문을 잠그는 데 성공한다. 그러나 마리우스는 동료들을 따라가지 못한다. 그는 실신하면서 힘센 팔이 부축을 해준다는 느낌을 받는다.

포도주 가게에 대한 공격이 시작된다. 방어는 더욱더 맹렬해진다. 보도블록이 사방에서 비처럼 쏟아지고, 지하실과 다락방에서 총이 불을 뿜는다. 그 모든 것이 실패하자, 반란군은 질산이 담긴 병에 의존한다. 전투는 더 이상 당당하지 않고 장중하다. 마침내 포도주 가게로 진입한 병사들은 앙졸라만이 서 있는 것을 발견한다. 즉각 처형 지시가 내려진다. 앙졸라는 팔장을 낀 채 조용히 죽음을 기다리고, 그의 숭고한 용기에 독기 어린 정부군들도 갑자기 조용해진다.

그 침묵은 예기치 않은 결과를 낳는다. 전투가 가장 치열하게 벌어지던 시간 내내 곤드레만드레 취해 잠을 자던 그랑테르가 갑자기 조용해지자 잠에서 깬 것이다. 잠에서 깨었을 뿐만 아니라 의식도 아주 또렷하다. 그는 대번에 상황을 모두 알아차린다. 총살 집행대가 사격을 준비하자 그는 "공화국 만세!"를 외치고 앙졸라 곁으로 간다. "일석이조가 아닌가?"라고 말한 그는 점잖게 앙졸라에게 묻는다. "괜찮겠죠?" 잠시 후 앙졸라는 벽에 기댄 채 총알이 관통하고, 그랑테르는 그의 발밑에 쓰러져 있다.

한편, 장 발장은 쓰러지는 마리우스를 날렵하게 채어간다. 그는 코랭트의 구석진 곳에서 임시 피난처를 발견하지만 애석하게도 함정이다. 뒤에는 벽이 있고 앞에서는 정부군 분대가 다가오고 있다. 유일한 탈출구는 지하뿐이다. 생각에 잠겨 아래를 내려다보던 그는 돌연 우물처럼 생긴 환기구멍을 덮은 격자 창살문을 발견한다. 그는 고통스럽게 배운 탈출 기술을 되살려 즉시 마리우스를 환기구멍 바닥으로 내려놓는다. 이어서 그곳에 내려서고 보니 일종의 지하 회랑이다. 코제트와 수녀원으로 내려갔던 때가 떠오른다. 바깥세상의 소요는 돌연 사라지고 깊은 평온과 정적이 그를 압도한다.

　　여성과 노인들의 희생 위에 어린이들과 영웅들의 희생이 따르고 비극적 분위기는 깊어간다. 에포닌과 마베프는 죽기를 원했다. A.B.C.의 동지들은 밝고 용감하게 운명을 받아들였지만 죽기를 원하지는 않았다. 사실 그들이 헌신할 일은 많았다. 보다 나은 세상을 만드는 일이었고, 이처럼 보다 완전한 삶에 대한 꿈이 그들을 죽음으로 몰아갔다. 더욱이, 위고는 프랑스가 그들의 꿈에 무관심했기 때문에 그들 세대의 꽃을 잃었다는 점을 암시한다. 그들 각자는 똑똑하고 유능했으며, 혁명 과정에서 사상과 실천 능력, 명석함과 용맹성을 증명했다. 냉소주의자이자 술고래인 그랑테르까지도 동료들처럼 품위 있고 공손하고 용감하게 죽음을 맞는다.

　　이들 모두의 재능—용기와 재간, 겸손과 즐거움, 재치와 동정심—을 지닌 가브로시의 죽음은 더욱 커다란 비극이다. 사회는 그의 재능으로 이득을 볼 시간이 아주 부족했고, 그가 없는 세상은 더욱 빈곤하다. 이것은 위고가 가브로시가 죽은 후 두 소년이 백조 먹이로 던져준 빵을 헤적여 찾는 짧은 장면을 통해 강조하는 진실이다.

　　장 발장과 마리우스의 탈출은 발장의 어떤 의지나 영웅주의 때문이 아니다. 그는 전투가 한창일 때 마리우스를 보호하기 위한 어떤 시도도 하지 않았다. 오히려 살아남는 사람이 코제트의 아버지일지 코제트의 연인일지 운명이 결정해 주기를 기다리는 것 같다. 어쨌든 그 의문을 결정짓는 것은 예기치 않은 자베르의 존재다. 상황이 전개되면서 자베르를 냉혹하게 살해한다는 것은 장 발장의 본성에 어울리지 않는 것이 분명해진다. 그리고 자베르를 죽일 수 없다 할지라도 여하튼 그는 코제트를 잃었다. 마리우스는 살아남고, 발장은 마리우스를 위해서가 아니라 코제트에게 줄 마지막 선물로서 그를 살리는 것이다.

그럼에도 경쟁의 구조에 내재된 자기희생은 거짓이 아니다. 지붕 위의 관측병들을 죽일 수 있었고, 자베르도 죽일 수 있었으며, 마리우스가 죽도록 내버려둘 수도 있었다. 그러나 도의적으로는 그렇게 할 수 없었고, 이는 그가 바리케이드에 당도할 때나 떠날 때나 마찬가지였다.

그의 마음속에 희미하게 자리 잡은 고결한 세력은 변하지 않았고, 그 세력은 궁극적인 시험이 있을 때 강인하고 다치지 않은 상태로 그냥 모습을 보인다. 장 발장은 너무도 오래 착한 사람이었기 때문에 악을 범하려고 해도 범할 수 없는 사람이다.

제 2, 3 권 1-9장

장 발장, 자베르 손에

위고는 도시의 하수구에 귀중한 자원이 있다고 말한다. 인간의 배설물이 가장 기름진 비료란 것이 증명되었기 때문이다. 이러한 자원을 낭비하는 것은 정신 나간 방탕이다. 예를 들어, 파리는 말 그대로 연간 2,500만 프랑을 내버린다. 이는 귀중한 자산을 소홀히 하는 것일 뿐만 아니라 수자원을 오염시켜 비위생적인 상황을 조장하는 데 일조한다. 파리는 이러한 낭비를 영속화하려고 볼 만한 구조물이자 하수구, 거대한 스펀지, 광장, 거리, 횡단보도를 갖춘 지하 도시를 만들었다.

하수구는 이 같은 흥미요소 외에 심리적으로도 아주 재미나다. 역사를 통해 하수구는 여러 드라마의 무대였다. 그 속에서는 무수한 추격이 있었다. 하수구는 인간의 악을 반영하는 거울이다. 하수구로 모이는 쓰레기는 인간의 오류를 증언하고, 인간의 자만에 대해 경고한다. 깨진 유리병들은 만취상태를 말해 주고, 오페라에서 입었던 의상들이 진창 속에서 썩고 있다.

하수구 천장의 구멍을 통해 새어나오는 침침한 불빛을 제외하면 발장은 암흑에 휩싸여 있다. 그럼에도 마리우스의 상태가 심각해서 이 진공 속으로 들어갈 수밖에 없다. 그리고 위치를 알려주는 표지도 없어 전적으로 운에 맡겨야 한다. 유일한 실마리는 하수구의 경사면이다. 하수구가 세느 강으로 흘러간다는 사실을 알고 있는 그는 위쪽을 향하기로 한다. 강변의 군중들 사이로 나가기를 원치 않기 때문이다.

발장은 장님처럼 한 손으로는 벽을 더듬고 다른 손으로는 등에 업은 마리우스를 붙잡은 채 앞으로 나아간다. 잠시 후, 멀리 떨어진 맨홀에서 가물거리는 흐릿한 빛 덕분에 어렴풋이나마 주변이 감지된다. 그 빛이 약간 위안을 주기는 해도 실질적으로는 전혀 도움이 되지 않는다. 시력이 아무리 좋아도 이 넓은 전인미답의 미로에서 길을 찾아가기란 거의 불가능하다. 용감한 발장이지만 두려움이 없을 수 없다. 과연 그는 출구를 찾을 수 있을까? 그것도 제때에 찾을 수 있을까? 그는 어떤 장애에 부딪힐까? 그는 굶어죽을 것인가, 그리고 마리우스는 과다출혈로 죽을 것인가?

가만 보니 그는 지금 오르는 게 아니라 내려가고 있다. 그렇다면 걱정스러운 일이다. 계산이 잘못되어 세느 강 방향으로 가고 있는 것은 아닐까? 그러나 그의 오산은 아니었다. 하수구는 세느 강뿐 아니라 외부의 하수구로도 흘러나갔다. 그는 거의 모든 것을 운에 맡기고 반시간 동안 쉬지 않고 걸었다. 작은 회랑은 결국 막다른 골목에 이를 것이란 생각에서 큰 회랑을 택해 나아가는 것밖에는 달리 방법이 없다.

앞의 붉은 배경에 드러난 자신의 그림자를 보고 놀란 발장이 돌아서자 멀리서 불덩이가 보인다. 반란군 일부가 하수구를 통해 탈출을 시도한 것으로 추측하고 수색하던 경찰 순찰대의 전등이다. 너무 지친 발장은 이것저것 생각할 겨를도 없이 벽에 납작 기대어 움직이지 않는다. 경찰관들은 자기들이 소리를 잘못 들은 것으로 결론짓고 반란이 일어난 곳 부근으로 돌아가면서 혹시나 하며 총을 발사하지만 총탄은 발장의 머리 위 천장에 맞는다. 천천히 어둠과 적막이 하수구를 감싼다. 순찰대가 멀리 사라지자 발장은 다시 발걸음을 옮긴다.

반란 같은 비상사태가 벌어지고 있었지만 경찰 본연의 임무는 여전히 수행되고 있다. 6월 6일 오후, 엥발리드 다리 부근의 세느 강 우측 둑에서 한 경찰관이 도둑의 뒤를 밟고 있다. 그들은 서두르지 않고 일정한 거리를 유지하면서 걷고 있다. 그러나 도망자는 겉으로는 침착해 보여도 쫓기는 자의 동물적 적의와 공포를 느낀다. 그 경찰관은 지나가는 마차를 세워 추격을 지시한다.

추격은 샹젤리제로 이어지는 경사로로 접어든다. 샹젤리제는 도망자에게는 유리한 지역이다. 도둑이 출구를 피해 곧장 앞으로 가자 경찰관이 깜짝 놀란다. 강이 구부러지면서 강둑은 막다른 골목에서 끝나기 때문에 그의 결정은 이해할 수 없다. 거리 끝에 당도한 도둑은 쓰레기더미 뒤에서 몸을 낮춘다. 경찰관은 사냥감을 붙잡게 되었다는 기대를 갖고 걸음을 재촉한다. 그러나 쓰레기더미를 돌아선 그는 도둑이 하수구로 사라진 것을 발견하고 놀란다. 그는 비록 허를 찔렸지만 사냥개처럼 맹목적인 끈기로 무의미한 불침번을 시작한다.

하수구에서 발장은 쉬지 않고 나아가지만 점점 더 힘든 일을 겪게 된다. 바닥은 미끄럽고, 천장은 낮아 몸을 구부리고 가야 한다. 배고픔, 그리고 무엇보다 갈증이 심해 괴롭다. 아무리 건강한 발장이라고 해도 누적된 피로가 영향을 미치기 시작한다. 세 시에 큰 통로가 끝나는 곳에 다다른 그는 사활이 걸린 결정에 직면한다. 그는 이 지점과 연결된 여러 개의 회랑 가운데 넓은 쪽을 택한다. 이어 오르막길보다는 세느 강에 이를 것이라는 생각에서 내리막길을 택한다. 행운은 그의 편이었다. 다른 방향으로 갔더라면 막다른 곳이나 헤어날 수 없는 정글에 이르렀을 것이다.

얼마 후, 발장은 걸음을 멈추지 않을 수 없게 된다. 조심스럽게 마리우스를 둑 위에 내려놓은 발장은 심장박동을 느껴보고 최선을 다해 상처에 붕대를 감아준다. 이어 이루 말할 수 없는 증오심으로 마리우스에 대해 생각한다. 마리우스의 호주머니에 들어 있던 쪽지에서 자기 시신을 할

아버지에게 전해 달라는 글을 읽고 그 속에서 발견한 빵 한 조각을 먹고
난 발장은 다시 그를 업고 길을 재촉한다. 어둠이 깔리고 열린 구멍들은
점점 더 드물어진다. 어두움은 결국 재앙이나 다름없다. '퐁티'라고 알려
진, 늪에 도사린 위험을 모두 갖춘 회랑 바닥의 진창 구멍들을 감춰주기
때문이다. 이것들은 희생자들이 예기치 못한 끔찍할 정도로 더디고 고독

한 죽음을 맞게 한다. 게다가 어둠, 불결함, 악취가 그들의 고통을 가중시
킨다.

장 발장은 발밑에서 보도가 사라지고 물웅덩이와 진창 속으로 발이
빠지는 것을 느낀다. 앞으로 발을 디딜 때마다 질척거리는 웅덩이에 빠진
다. 그는 머리를 뒤로 젖히고 팔을 뻗쳐 마리우스를 앞으로 안는다. 이어
죽음의 문턱까지 갔던 그는 마침내 발이 단단한 바닥에 닿으면서 늪을 빠
져나온다. 그가 돌부리에 걸려 넘어지면서 무릎을 꿇는다. 이런 기도 자
세가 되자 생각이 신에게 미친다. 그는 열렬한 대화를 통해 마음속의 증
오를 씻어낸다. 탈진한 발장에게 하수구 여정은 고문이다. 몇 발자국 가
지 못해 숨이 차서 멈춰야 하고, 일단 어쩔 수 없이 앉으면 일어나기가 거
의 불가능하다.

그런데 출구가 손짓하는 빛을 발견하자 갑자기 힘이 솟구친다. 그는
지옥에서 탈출하는 사람처럼 그쪽으로 달려가지만 애석하게도 격자 창살
이 잠겨 있다. 어마어마한 절망이 밀려온다. 흘끗 보이는 파리와 자유에
목마른 그는 미치광이처럼 필사적으로 창살을 흔들지만 호랑이의 이빨을
뽑는 것처럼 부질없는 짓이다. 희망이 고갈된 채 땅에 쓰러진 그는 자기
가 죽음의 거미줄에 걸린 것 같다는 생각을 한다.

발장의 영혼에 어둠이 밀려들 때 누군가가 그의 어깨에 손을 얹고 속
삭인다. "똑같이 나눕시다." 그는 이 잊혀진 장소에서 한 남자를 발견하고
아연실색하고, 더군다나 테나르디에라는 것을 알아보고 더욱 소스라치게
놀란다. 그러나 곧바로 마음의 평정을 찾고 테나르디에가 피와 진흙범벅
이 된 그를 알아보지 못한다는 사실을 깨닫는다. 테나르디에는 그를 시체
를 안고 있는 살인자로 생각하고 특유의 거래를 제의한다. 이익의 절반을
주면 격자 창살을 열겠다는 것이다. 그는 발장의 신분을 알아보려고 대화

를 시작하지만 발장은 고집스레 침묵을 지킨다. 테나르디에는 하던 이야기로 돌아가서 단도직입적으로 묻는다. "그자의 호주머니에는 얼마나 있었소?"

당장은 가진 돈이 별로 없는 발장은 겨우 30프랑을 제시할 수 있을 뿐이다. 그 돈에 만족하지 못한 테나르디에는 그의 몸을 뒤지고는 내친 김에 나중에 신원을 파악하기 위해 마리우스의 상의를 찢어낸다. 그는 거래 조건을 까맣게 잊고 30프랑을 받아 쥐고는 밖을 살핀 다음 조용히 뚜껑을 열고 발장을 내보낸다. 발장은 잠시 자신을 반기는 장엄한 고요, 석양이 주는 안도감, 별이 총총하게 빛나는 드넓은 하늘, 그리고 강물 흐르는 소리에 압도된다. 이어 뒤에서 이상한 느낌이 들어 돌아보니 자베르가 서 있다.

그러나 자베르는 초인이 아니다. 그는 지금 발장이 아니라 테나르디에를 추적하고 있던 중이었다. 사실 자베르는 처음에 발장을 알아보지 못한다. 자기 정체를 밝히고 자베르의 강철 같은 손아귀에 몸을 맡긴 쪽은 발장이다. 그는 마리우스를 집에 데려다주게 해달라는 한 가지 부탁만 한다. 그 청을 받아들인 자베르가 대기하고 있던 마차를 부른다. 가는 길은 마치 세 구의 시신을 운구하는 장례 행렬 같다.

20세기 관광객들뿐만 아니라 상당 부분의 19세기 문학을 위해서도 파리의 하수구가 지닌 매력에 관해서는 책을 한 권 쓸 수도 있다. 그러나 위고는 호기심 많은 사람들을 위해 하수구의 매력—기술적 독창성, 모험적인 '비밀 통로' 이야기, 인간 존재에 대한 모진 설명—을 깔끔하게 요약한다.

위고는 파리 하수구를 능숙하게 소설의 서사시적 형식에 짜맞춘다. 그것은 범죄가 횡행하는 파리의 '암흑가 광산'에 있는 갱도일 뿐만 아니라 작가에게 일련의 긴 유사 장면들에 대해 구조적이고 생생하고 심리적인 절정을 제공한다. 장 발장은 두려움 때문에 사랑하는 코제트를 데리고 도주했다. 지금은 등에 증오와 절망을 짊어지고 마리우스와 함께 도망친다. 그는 주교의 방에서 십자가로 밝혀진 어둠, 우물에서 코제트와 함께 있을 때 달빛으로 밝혀진 어둠, 바리케이드에서 타오르는 횃불로 밝혀진 어둠 등, 여러 차례 어둠을 경험했지만 지금의 어둠은 칠흑이고 암흑이다.

그리고 그 어둠은 그의 정신세계 안에도 들어 있다. 그는 마리우스를 구했지만 정신적인 자유를 얻지 못하고 여전히 증오라는 물 속에 빠져 있으며, 그의 앞에 펼쳐진 깜깜한 길 위에는 실낱 같은 위안이나 희망조차 없다. 아에네아스나 단테처럼 발장은 지옥으로 내려갔으나 그것은 빛으로 가는 여정의 마지막 단계로, 하수구에서 나오면서 기도를 통해 정신적인 고뇌에서도 탈출하게 된다.

정다운 별빛 속으로의 탈출이 지닌 보다 깊은 뜻은 카론[*]

---

[*] **카론**(Charon): 그리스 신화. 죽은 자를 저승으로 건네준다는 뱃사공.

과 성 미카엘 대천사*처럼 더 나은 삶의 문턱을 지키고 서 있
는 테나르디에와 자베르의 존재에 의해 강조된다. 테나르디에
는 언제나 발장의 범죄적 분신이었으며 지금도 일순간 그의
악의 마술이 다시 작용하는 것 같다. 그러나 새로워진 발장의
면전에서 테나르디에의 영향력은 퇴조한다. 발장은 양순하게
자유로 통하는 문을 연다. 복수의 천사 자베르는 더욱 무자비
한 문지기지만 부활의 날에는 언제나 심판이 천국에 선행되어
야 한다.

---

* **성 미카엘**(St. Michael) **대천사:** 사람의 영혼을 하느님의 심판대 앞으로 인도하고, 천국으로
데려가는 역할을 한다.

제 3 권 10-12장, 제 4 권

 ## 강으로 몸을 던지는 자베르

마차가 목적지에 도착할 때는 어둑어둑하다. 집 안은 잠들어 있다. 문을 두드린 자베르는 마리우스로 생각되는 사람을 이층으로 옮기도록 한다. 질노르망의 하인들이 의사를 부르러 가고 붕대를 준비하는 동안 자베르는 발장을 대동하고 슬그머니 집을 나선다. 마차에서 발장은 큰마음을 먹고 코제트를 만나게 해달라고 청한다. 이 요청 역시 조용히 받아들여진다.

그들이 롬 아르메 거리에 도착하자 자베르는 마차를 보낸다. 다소 이례적인 조치였지만 발장은 경찰서까지 걸어갈 작정인 모양이라고 생각한다. 그리고 자베르가 발장에게 코제트를 단둘이 만나도록 배려한 것도 의외였다. 층계참에서 발장은 코제트와 나누게 될 가슴 아픈 대화를 생각하고는 잠시 심란한 마음으로 창밖을 내다본다. 가로등이 인적 없는 거리를 비추고 있다.

질노르망의 집에서는 의사의 지시에 따라 야전 침대가 준비된다. 꼼꼼한 진찰 결과 치명상은 없는 것으로 밝혀지지만 위험에서 벗어난 것은 아니다. 과다 출혈로 탈진 상태이고, 쇄골이 골절되고, 머리에는 자상을 입었고, 두개골도 파열되었을지 모른다. 출혈을 막으려고 안간힘 쓰고 있는 의사는 가망이 없는 것으로 생각하는 듯하다.

손자의 부상 사실을 감추려고 온갖 노력을 기울였지만 소란 때문에 잠이 깬 질노르망은 유령처럼 흰 가운을 입고 나타난다. 그는 죽은 것 같은 손자를 보자 엄청난 슬픔에 사로잡혀 크게 절망하고, 손자가 복수하려고 자살했다며 비난한다. 그리고는 자유주의자들 쪽으로 노여움을 돌리고, 마리우스의 황금빛 어린 시절 추억을 되뇌며 마리우스의 헛된 인생과 자신의 쓸쓸한 노년을 웅얼웅얼 탄식한다. 이때 마리우스가 천천히 눈을 뜨자 노인은 졸도한다.

자베르는 천천히 발장의 집에서 멀어진다. 그는 인생에서 처음으로 확실한 결정을 내리지 못하고 고통스러워한다. 세느 강에 도착한 그는 멍하니 난간에 기대어 소용돌이치는 강물을 바라본다. 장 발장을 체포하는 것은 개인적인 배은망덕이지만 그를 놓아주는 것은 생각조차 할 수 없는 직무 유기다. 기계처럼 엄격하게 원칙을 지키는 자베르는 언제나 깊은 생각을 피해 왔다. 그러나 받아들일 수 없는 전무후무한 생각이 그의 의식 세계로 밀려들고 있다. 사법 기관보다 더 높은 법이 있다. 사람은 무법자이면서도 선할 수 있다. 발장은 최근에 보여준 관용뿐만 아니라 마들렌으로서 한 모든 선행으로도 존경받아야 한다. 자베르는 새로운 도덕 세계로 들어가고 있다. 좁고 단순한 그의 세계가 무너지고 있는 것이다. 그는 '독수리의 눈으로 응시해야 하는 올빼미'다.

그러나 자베르의 근시안은 불치병이다. 그는 평생의 가치관을 저버리고는 생존할 수 없다. 그는 자신의 행위를 받아들이지 못한다. 그에게 발장의 석방은 명백한 법률 위반이므로 변명의 여지가 없다. 자신의 의무라고 여기는 것을 이행할 수 없는 그는 비타협적인 양심을 거르지 않는 다른 방도를 찾아낸다. 그는 결연하게 인근 경찰서로 들어가 경찰 행정의 개선에 관해 다양한 권고안을 써서 파리시 경찰국장 앞으로 보낸 다음, 세느 강의 난간으로 되돌아간다. 칠흑 같이 어두운 밤. 인적이 끊긴 거리. 강물은 보이지 않고 빠르게 소용돌이치는 물소리만 들릴 뿐이다. 잠시 벼

랑을 바라본 자베르는 모자를 벗고 난간으로 올라가 크게 벌린 어둠 속으로 사라진다.

테나르디에는 발장에게 신체적 자유를 주고, 자베르는 그에게 법적 자유를 주어 과업을 완수한다. 이미 정신적으로 자유로워진 발장은 진정한 르블랑이 되었다. 이름도 없고 오직 하느님에게만 속해 있는 '하얀' 남자. 주교를 향한 사랑, 코제트에 대한 사랑, 그리고 그가 바리케이드에서 보여준 인류에 대한 사랑이 그를 무지와 악의 구렁텅이에서 빼냈다.

대조적으로, 자베르는 늘 사랑을 두려워하고 불신했다. 사랑은 사물을 왜곡하고 바꾼다. 사랑은 규칙에 맞지 않는다. 길을 잃은 고독한 경찰관은 조직적이고 불변인 것에서만 안정감을 느낀다. 그가 사랑하는 것은 언제나 구석에서 자기에게 따뜻한 자리를 내주고 다음에 할 일을 정확히 지시해 주는 법이다. 이제 엠마오*로 가는 도중의 계시처럼 그는 법이 전부가 아니고, 법조차도 머리를 숙이고 그 자신까지도 양심에 위배되는 일을 하게 만드는 강력한 힘이 있다는 사실을 깨닫는다. 그러나 그 사랑의 빛은 그가 감내하기에는 너무나 파괴적이다.

자베르와 한 몸인 '정의'는 비평가 조르주 피루에의 말처럼 "그 본질에 모순되는 이질 집단을 받아들일 수 없다." 오직 자선에 기초한 하느님의 정의만이 이 일을 할 수 있으며, 그 일을 통해 끊임없이 새로워진다. 자선의 지배가 시작되려면 정의의 지배는 파괴되어야만 하고, 장 발장이 살아나려면 자베르는 죽어야 한다. 그러나 그의 죽음은 패배라기보다는 오히려 하나의 변형이다. 발장은 자베르를 사랑함으로써 그를 죽이지만 살리기도 했고, 하느님의 정의는 인간적 정의에 대한 자베르의 범죄를 보상해 줄 것이다.

---

* **엠마오**(Emaos): 예루살렘 북서쪽 6km 지점에 있던 마을. 부활한 예수가 두 제자를 만난 곳.

제 5, 6 권

마리우스와 코제트, 부부가 되다

마리우스의 회복은 매우 더디고 힘겹다. 감염된 상처로 뒤덮인 그는 뇌진탕에 정신착란으로 고통받으면서 여러 주 동안 사경을 헤맨다. 그동안 질노르망은 병상 곁을 떠나지 않는다. 다른 백발 신사도 문병차 매일 방문하며 그 환자에게 관심을 보인다.

마리우스의 회복에는 6개월이 걸린다. 시간이 지나면서 모든 정치적 열기가 식었으며 마리우스는 사실상 사면을 받는다. 손자가 차차 회복되자 할아버지는 좋아서 어쩔 줄 모른다. 그는 하인에게 금화 세 개를 주고, 18세기의 방탕한 노래도 부르며, 어느 목격자에 따르면 심지어 기도까지 하면서 손자의 쾌유를 기뻐했다고 한다.

그러나 정작 마리우스는 행복하지 않다. 여전히 코제트를 잊지 못하는 그는 할아버지가 어떻게 나오든 그녀와 결혼하기로 결심하지만 어떻게 해야 할아버지의 사랑을 받는다는 것도 알고 있다. 화가 난 그는 결혼 계획을 발표한다. 그런데 믿을 수 없는 일이 벌어진다. 할아버지가 매우 기뻐하며 코제트를 흔쾌히 받아들인 것이다. 그들의 대화는 지난 앙금을 완전히 씻어낸다. 마리우스는 질노르망을 마법의 주문인 '아버지'라고 부르기까지 한다. 노인은 코제트의 즉각적인 방문을 주선하고 고통스럽지만 혁명에 대한 비방도 억누른다.

행복에 겨워 황홀하고 어리둥절한 코제트는 불그레한 얼굴에 수줍은 모습으로 수많은 구경꾼들 앞에 나타난다. 빈틈없이 완벽하게 옷을 차려

입은 포시르방(발장)은 기쁨보다는 쓰디쓴 미소를 지으며 한쪽에 조용히 선다. 질노르망은 그에게 정중히 인사를 건네지만 그의 이름을 잘못 발음한다. 코제트는 끊임없는 혼잣말로 불안, 사랑, 기쁨을 토로하지만 마리우스는 감정에 복받쳐 말을 못한다.

가장 행복한 사람은 질노르망인 것 같다. 그는 두 사람 곁을 맴돌며 코제트의 아름다움에 놀라고, 호감을 표하며 환심을 사려고 한다. 잠자코 있던 발장이 코제트가 60만 프랑 가량을 마음대로 쓸 수 있다고 하면서 그 돈을 탁자 위에 내려놓는다. 질노르망은 깜짝 놀라지만 코제트와 마리우스는 그처럼 하찮은 것에는 전혀 신경 쓰지 않는다.

결혼은 2월로 정해졌다. 두 노인은 각자의 방식대로 젊은 예비부부의 행복을 위해 노력한다. 발장은 조용히 실제적인 세부 사항들을 맡아 처리하고, 코제트가 알지도 못하는 서출이란 불명예를 면하게 해주려고 실제 포시르방의 딸인 유프라지로 행세하게 한다.

질노르망은 그다지 값어치는 없지만 코제트에게 장신구와 보석들을 주기 위해 가보를 뒤진다. 다른 사람들이 좀더 중대한 사안들에 관해 진지한 것만큼 그는 쓸데없는 일에 열심이다. 질노르망에게 호화로움은 생활방식이 아니라 하나의 철학이기 때문이다. 이를테면, 겉치레와 없어도 좋은 사치품들을 통해서만 인생은 연회가 된다는 것이다. 특히 결혼식에 대해서는 목청을 높인다. 그는 19세기의 그 덤덤한 의식을 우아함, 맵시, 그리고 18세기의 흥청거리는 잔치와 대비시킨다. 결혼식에 대한 그의 묘사는 프라고나르*, 바토**, 부셰***에게서 영감을 받은 한 폭의 유화(油畵)다.

---

* **프라고나르**(Jean H. Fragonard. 1732-1806)：프랑스 풍속화가. 샤르뎅과 부셰에게 사사.

** **바토**(Jean A. Watteau. 1684-1721)：18세기 프랑스 로코코 회화를 대표하는 화가.

*****부셰**(Francois Boucher. 1703-70)：프랑스 화가. 귀족·상류 계급의 우아한 풍속과 애정 장면을 즐겨 그림.

코제트가 기거할 곳은 저택에서 가장 아름다운 방이지만 더욱 호화롭게 다시 장식될 것이다. 예비부부가 가난하리라 여기고 경멸만 했던 질노르망 양은 이제 그들에게 전 재산을 남길 계획이다. 코제트는 보호자로 발장을 대동하고 매일 마리우스를 만나러 온다. 마리우스는 그를 코제트의 아버지로 받아들이지만 살갑게 대하지는 않는다. 그들은 정치와 교육 같은 어정쩡한 주제만을 이야기한다. 마리우스는 아직도 발장이 경찰관을 쏘려고 했던 장면을 기억하고 있지만 발장이 그 반란에서 벌어진 일들을 절대 입 밖에 내지 않기 때문에 대놓고 비난하지 못한다.

마리우스는 테나르디에의 문제에도 골몰해 있다. 그 자는 사악하지만 아버지의 마지막 소원은 풀어주어야 한다는 생각이다. 그러나 아무리 조사해도 테나르디에를 찾지 못한다. 그자의 동료들은 모두 사라지거나 죽었다. 테나르디에는 사형 선고를 받고 자취를 감췄다.

마리우스는 자기를 구해 집으로 데려다준 그 미지의 인물에게도 빚을 졌다고 생각하지만 역시 찾을 수 없다. 마부도 경찰도 아무런 정보를 제공하지 못한다. 마리우스는 일련의 수수께끼로 혼란스럽다. 전혀 모르는 사람이 왜 자기를 구했을까? 마차 안의 경찰관은 왜 자기를 체포하지 않았을까? 자기를 구해 준 사람은 왜 나타나서 보상이나 최소한 감사의 표시라도 요구하지 않았을까? 마리우스의 끈질긴 탐색에도 발장은 입을 다물고 있다. 심지어는 마리우스가 경외심에 차서 하수구를 통한 탈출이 그 사람에게 어떤 피해를 입혔을지에 대해 재구성하는 것을 들으면서도 단 한 마디도 하지 않는다.

결혼식은 질노르망이 꿈꿨던 엄청난 잔치는 아니지만 마음을 푸근하게 하는 행복한 행사다. 단 한 가지 불상사가 분위기를 조금 훼손한다. 며칠 전 가벼운 사고를 당한 발장이 팔걸이 붕대 때문에 결혼 문서에 서명을 할 수 없는 것이다. 발장이 포시르방으로 서명하는 것은 불법이므로 그 '사고'는 오히려 다행이다.

교회로 향하는 결혼 행렬은 마차와 참회의 화요일*에 복면을 한 사람으로 가득 찬 길을 지나야 한다. 한 지점에서 교통 체증으로 마차는 멈춰 서고, 술 마시고 흥청대는 사람들로 넘쳐나는 마차가 다른 차선에서 멈춘다. 남루한 차림에다 추레한 그들이 비아냥댄다. 모두들 떠들썩하게 희희낙락하는 가운데 커다란 코와 긴 콧수염을 단 스페인 늙은이와 날씬한 몸매의 젊은 여자가 결혼 행렬을 찬찬히 뜯어본다. 특히 신부의 아버지에게 관심을 보이는 사내는 그를 알아보는 것 같다. 호기심에 사로잡힌 그는 무심하게 동행하고 있던 아젤마에게 그들에 대해 좀더 많은 것을 알아내라고 재촉한다.

결혼 서약과 더불어 마리우스와 코제트는 부부가 된다. 그들은 기적 같은 꿈을 이루었고, 그동안 견뎌온 쓰라린 경험은 모두 지금의 행복을 배가시킬 뿐이다. 질노르망의 집에서는 즐거운 결혼식 잔치가 벌어진다. 꽃들이 집을 가득 채우고 식당은 빛과 수정과 보석으로 번쩍인다. 세 대의 바이올린과 플루트가 하이든의 4중주를 연주한다.

발장은 조용히 자리를 뜨지만 방 안에서 솟구치는 행복을 어둡게 할 만한 것은 아무것도 없다. 손에 샴페인 잔을 들고 있는 질노르망은 쾌락에 관한 설교를 늘어놓고, 사랑을 찬미하고, 기쁨을 가르치며 여성의 영원한 지배를 열렬히 인정한다. 그는 결혼을 궁극적인 형태의 경건함이라고 생각한다. 노인의 유쾌함에 전염된 결혼 잔치는 분위기가 점점 무르익는다. 자정이 되자 신혼부부는 자리를 뜨고, 집안은 고요해진다.

연회장을 떠나던 발장은 잠시 밖에 멈춰 서서 연회의 분위기가 잦아

---

* **참회의 화요일**(Mardi Gras)：사육제의 마지막 날.

드는 소리를 듣다가 지난 3개월 동안 코제트를 데리고 왔던 길을 따라 집을 향한다. 아파트로 돌아온 그는 자신의 커진 발걸음 소리에 귀를 기울이며 빈 방을 이리저리 다니다가 침실로 들어가 팔걸이 붕대에서 팔을 뺀다. 그의 시선은 코제트가 몽페르메이유을 떠날 때 입었던 옷가지가 들어있는 여행 가방에 멈춘다. 천천히 옷들을 꺼내 침대 위에 펼쳐놓은 그는 코제트를 처음 만났을 때의 추억이 밀려들자 침대에 얼굴을 묻고 비통한 듯 흐느낀다.

발장은 평생 동안 양심과 싸워왔다. 그리고 그 투쟁이 아무리 격렬해도 언제나 양심이 승리했다. 그러나 오늘밤에는 엄청난 도전에 직면해 있다. 코제트와 마리우스에게 자신의 존재를 내세워야 할 것인지, 어둡고 불법적인 자신의 존재를 빛나는 젊은 한 쌍과 연관지어야 할지를 결정해야 한다. 발장은 자신의 영웅적인 평정심이 명령하는 체념을 받아들일 수 없다. 코제트는 그의 인생의 뗏목이고, 그는 벌써부터 단념하고 익사할 수 없다. 그는 사람의 희생에는 끝이 없는 것이냐며 자문한다. 하느님께서는 완전한 소멸을 요구하는 것인가? 이전의 샹마티유 사건처럼 발장은 긴 밤을 지새우며 숙명적인 대안을 곰곰이 생각한다.

위고는 하나하나 복잡한 문제들의 매듭을 풀면서 깔끔한 결론을 맺는다. 장 발장은 안전하고, 마리우스는 건강하고, 질노르망과 손자도 완전히 화해하고, 코제트와 마리우스는 결합한다. 이제 단 하나 장 발장과 마리우스의 반감만 풀면 되는데,

이것이 진짜 문제다. 마리우스는 젊고 경험이 없으며 발장의 진정한 가치를 이해하지 못하는데, 그에게도 그럴 만한 이유가 있다. 그를 도둑 소굴에서 만났고 그가 경찰관에게 총 쏘는 소리를 듣고도 편안한 기분을 갖기는 어렵지 않은가.

　　발장은 이 같은 문제를 잘 알고 있으나 도울 수가 없다. 자기가 그를 구했노라고 밝히면 그에게 빚을 짊어지게 만드는 것이니까. 그리고 거기에 수반되는 설명은 코제트에게 어두운 과거의 짐을 지우는 일이 될 것이다. 유일한 방책은 그가 사라지는 것이지만 아무리 해도 마음이 내키지 않는다. 그러나 이러한 싸움은 질적으로 이전에 경험했던 것과 다르다. 아라스와 바리케이드에서는 그의 마음속 선은 악과 싸웠다. 지금은 코제트에 대한 인간적 사랑과 그녀의 궁극적 구원과 자신의 구원을 위해 그에게 세속적 기쁨을 포기하라고 요구하는 보다 고상한 정신적 사랑 사이의 싸움이다. 어느 쪽을 선택하든 잘못된 것일 수는 없다.

제 7-9 권

 **행복 속에서 눈을 감는 장 발장**

　　다음날 오전 늦게 발장은 피유 뒤 칼베르 거리로 돌아와서 마리우스를 찾는다. 침울하고 지친 그의 모습은 즐거운 거실 분위기와 야릇한 대조를 이룬다. 마리우스는 그간의 긴장 관계를 해소하겠다는 듯 극도의 예를 갖춰 그를 맞이한다. 그가 함께 살자고 청하자 발장이 불쑥 자기는 전과자라며 말을 막는다. 그리고 그 증거로 온전한 손을 내보이며 법률 문서의 서명을 피하기 위한 핑계로 다친 척했노라고 털어놓는다. 발장은 경악한 마리우스의 강요로 지나온 삶, 코제트를 만난 일과 그녀에 대한 사랑 등을 간단히 말하지만 깊은 속내는 밝히지 않는다. 그는 일종의 신탁 재산이라며 60만 프랑에 대해 언급하고 이야기를 맺는다.

　　마리우스는 발장의 불필요한 정직성에 당황한다. 발장은 자신의 고백은 무조건 진실해야 하고 그 어떤 변명도 용납될 수 없는 것이라고 한다. 발장은 친근한 척하는 것은 참을 수 없다. 그는 자존(自尊)을 위해서는 다른 사람들에게 경멸 받아야만 하는 비극적 운명에 대해 통절하게 언급한다. 마리우스는 발장의 폭로에 충격 받는다.

　　이 같은 고통스러운 대화는 코제트가 끼어들자 중단된다. 그녀는 한담을 하고, 아양을 떨며 아버지를 미소 짓게 하면서 함께 있도록 해달라고 조른다. 마리우스가 자리를 비켜달라고 하자, 그녀는 우스갯소리로 비난하고 협박하며 방을 나간다. 코제트의 등장으로 발장은 자신의 고백이 그녀에게 미칠 충격이 떠올라 얼굴은 눈물로 범벅이 되고 자살 충동까지 느낀다. 마리우스는 이 사실을 아내에게는 비밀로 하겠다고 말하고, 코제트의 돈을 양심적으로 관리해 준 것에 대한 보상금과 함께 코제트를 만나지 말 것을 제의한다. 발장은 그 제의를 받아들이면서도 너무나 엄청난 요구에 얼굴이 창백해진다. 여지껏 자신을 위해서는 아무것도 요구한 적이 없는 그는 지금 마리우스에게 제발 자기를 코제트로부터 영원히 떼어 놓지 말아달라고 초라하게 애원한다. 그리고 자주 오지 않겠으며 주제넘게 나서지도 않겠다고 약속한다. 마리우스는 애처로운 생각이 들어 마지못해 밤시간의 방문을 허락한다.

발장이 돌아가자 마리우스는 만감이 교차하지만, 실망감이 그 무엇보다 크다. 그는, 자기가 너무 관대하게 대한 것은 아닌지, 그 노인을 더욱 신중하게 알아봤어야 하는 것은 아니었는지, 자신의 행복을 위해 너무 값비싼 대가를 치른 것은 아닌지, 자신의 삶이 이처럼 끔찍한 그림자 때문에 오염되지는 않을 것인지 자문한다. 분명 그는 발장에게 얼마간의 존경심은 갖고 있다. 코제트의 재산을 빈틈없이 운용한 능력은 감탄할 만하다. 그리고 발장 본인에게도 엄청나게 괴롭고 위험했던 고백을 했다는 것은 어느 정도 고결한 정신을 나타내는 것이 아닌가. 그러나 마리우스는 테나르디에 사건뿐만 아니라 바리케이드에서 발장이 자베르에게 가한 보복도 잊을 수 없다.

현실적인 고려를 넘어 마리우스는 형이상학적인 문제에 직면한다. 코제트가 이런 악한과 매일 접촉하면서 어떻게 그처럼 순진무구할 수 있었을까? 어떻게 그처럼 불순한 도구가 이렇게 순수한 작품을 만들어낼 수 있었을까? 하느님의 역사(役事)는 헤아릴 수가 없다. 결론은 발장에 대한 혐오감과 발장이 후면으로 물러나겠다는 용의를 밝힌 데 대한 안도감이다. 마리우스는 사리가 밝은 사람이지만 여전히 범죄에 관해서는 당대의 편견을 지니고 있다. 그는, 단 한 번의 범죄로 인간을 평생 범죄자로 낙인을 찍는 프랑스 형법의 잔인성과 부도덕성을 아직 모르는 것이다.

다음날 저녁 해질 무렵, 발장은 하인의 정중한 안내를 받으며 1층에 있는 방치되고 습한 방으로 안내된다. 그곳에는 두 개의 팔걸이의자가 카페트 대신으로 쓰는 낡은 침대 곁 깔개와 함께 놓여 있다. 코제트가 들어오면서 발장을 매우 상냥하게 맞지만 발장은 일부러 고집스레 말을 하지 않는다. 그는 입맞춤도, 저녁식사를 같이하자는 청도 거절하고, 격식을 갖춰 '마담'이라고 부르기까지 한다. 당황한 코제트는 발장의 기이한 행동, 특히 미스터 장이라고 불러달라는 고집스런 요구를 듣고 심란해진다. 코제트는 이전처럼 친밀한 상태로 돌아가자고 간청하면서 애정 어린 말투로 책망한다. 잠시 발장은 코제트를 스스럼없이 '너'라고 부르고 싶은 처절한 유혹에 굴복하지만 이내 자제력을 되찾고 정중하게 '마담'이라는 말과 함께 그곳을 떠난다.

코제트는 체념한다. 그녀는 방을 깨끗이 치워놓았지만 별도리 없이 그들의 고통스러운 소원함을 받아들인다. 다른 사람들도 발장이 겪고 있는 고뇌를 알지 못하고 그저 기인으로 치부한다.

그 후 몇 주간에 걸쳐 코제트는 새로운 생활, 새로운 바깥 일, 부부생활 등으로 어렵지 않게 발장과의 관계가 느슨해진다. 그러나 발장에게 사랑은 영원하다. 그는 더 자주 찾아가려는 유혹을 어찌할 수 없다. 코제트가 우연히 '아버지'라고 하자 눈물이 나오려고 했다. 그러나 그들 사이의 틈은 점점 벌어져만 간다. 익숙한 몸짓도 서서히 중단된다. 발장의 행복은 하루 한 시간의 명상과 추억으로 줄어든다.

4월 어느 날, 자연의 부활에 감동한 마리우스와 코제트는 발장에 대해서는 까맣게 잊고 플뤼메 거리의 공원을 잠시 찾는다. 발장은 이처럼 무심코 저지른 냉대에 낙담하지 않는다. 그는 그곳에 오래 머물기 위해 마리우스를 칭찬하는 꼼수까지 쓴다. 코제트는 남편에 관한 이야기를 듣고 기쁜 나머지 시간 가는 줄 모른다. 그러나 마리우스는 노인의 방문 시간이 길어지자 하인을 보내 코제트에게 저녁식사 시간임을 일깨워 교묘하게 노인을 따돌린다.

어느 날 저녁, 코제트는 마리우스가 자신의 수입만으로 생활할 수 있는지 물어보았다는 이야기를 한다. 발장은, 마리우스가 코제트의 재산을 자기에게서 나온 더러운 돈으로 여기고 있다고 결론짓고 비탄에 잠긴다. 마침내 마리우스는 잔인할 정도로 명백하게 적개심을 표시한다. 의자들을 치워버린 것이다. 발장은 더 이상 자신을 속일 수 없어서 방문을 중단한다. 신혼의 단꿈에 젖어 있는 코제트는 그의 부재를 거의 알아채지 못한다. 그러나 그녀는 발장의 근황이 궁금해 하녀를 보낸다. 발장은 자신이 바빴으며 곧 여행을 떠날 것이라고 짐짓 아무렇지도 않은 양 둘러댄다.

1833년, 봄의 마지막과 여름의 첫 달들이 지나는 동안 발장은 피유 뒤 칼베르 거리를 향해 매일 산보를 한다. 그는 완전히 망연자실한 상태에 빠져 있다. 목적지에 가까이 가면 천천히 걷고 그 거리에 다다르면 멈춘다. 그는 금지된 천국을 갈구하듯 응시하면서 눈물을 떨군다. 그는, 서서히 흔들림이 짧아지는 시계의 진자처럼 발걸음을 좁힌다.

위고에 의하면, 마리우스는 발장을 코제트에게서 떼어놓는 것을 남편의 도리라고 생각하고, 새로운 이상한 정보를 통해 노인에게 가졌던 아주 어두운 의심을 확인했다. 코제트 역시 책망할 것은 거의 없다. 마리우스는 그녀에게 자석처럼 영향을 미치고 그녀는 거의 아무 생각 없이 그의 바람에 따른다. 하지만 코제트가 아버지를 등한시하는 것은 피상적일 뿐이고 수면 아래의 사랑은 그 어느 때보다 깊다. 그녀는 가끔 발장에 관해 묻지만 발장은 출타중인 체함으로써 소원한 관계를 조장한다. 게다가 이른바 자녀들의 배은망덕은 단지 자연의 뜻을 실현한 것에 불과하다. 그것은 젊은이들로 하여금 인생에 기대를 갖게 하고, 과거를 대변하고 무덤이 가까워지는 세대를 소홀히 하도록 강요한다.

진자가 마침내 멈춘다. 어느 날, 장 발장은 그저 몇 발자국을 떼지 못하고 이정표 위에 걸터앉았다가 집으로 돌아온다. 다음날에는 방을 나가지 않고, 그 다음날에는 침대에서 일어나지 않는다. 발장의 빈약한 식사를 준비하는 여자 관리인은 그가 음식에 숟가락도 대지 않은 것을 발견한다. 한 주가 지나도 발장은 침대에서 일어나지 않는다. 이 소식을 들은 관리인의 남편은 발장의 증세가 가망이 없다고 말하고, 왕진 왔던 의사는 그가 상사병을 앓고 있다고 단언한다.

어느 날 저녁 발장은 맥박도 제대로 잡히지 않는다. 극도의 강박 충동에 사로잡힌 그는 가까스로 옷을 입고 여행용 가방을 꺼내 코제트의 옷가지를 침상에 펼쳐놓는다. 이어 주교의 촛대에 불을 붙이자 장례식에나 어울릴 듯한 광경이 펼쳐진다. 움직일 때마다 그는 힘이 빠진다. 거울에 비친 자기 모습을 흘끗 바라보니 30년은 늙은 것 같다. 마침내 엄청난 노력을 기울인 끝에 간신히 앉은 그는 떨리는 손으로 코제트에게 마지막 편지를 쓴다. 그 편지에는 재산의 출처에 대해서는 안심하라는 설명이 들어 있다. 갑자기 커다란 절망과 코제트 앞에서 죽고 싶은 갈망이 엄습하는 순간 노크 소리가 들린다.

그날 저녁, 서재에서 일하고 있던 마리우스는 아내에 대해 중요한 사실을 밝히겠다고 약속하는 편지를 받는다. 담배 냄새와 필체로 보아 즉시 테나르디에가 떠오른다. 마침내 빚을 갚을 수 있게 되어 기쁜 마리우스는 테나르디에를 들이라고 지시하지만 완벽하게 변장한 그를 거의 알아볼

수가 없다. 마리우스의 무뚝뚝한 요청에 따라 입을 연 테나르디에는 파나마의 외딴 마을로 가고 싶은데 돈이 필요하다며, 그 돈을 대준다면 비밀을 털어놓겠다고 한다. 그는 마리우스의 흥미를 돋우기 위해 그의 장인이 장 발장이란 도둑, 살인자, 전과자라고 말한다.

마리우스는 이미 그 사실을 알고 있다고 경멸하듯 말하고, 더 나아가 테나르디에의 배경에 대해 알고 있던 사실을 폭로함으로써 그의 기를 꺾어놓는다. 즉, 발장이 테나르디에에게 감사의 빚을 갚는 조로 500프랑을 주었고, 마들렌을 체포당하게 하고 그의 돈을 훔쳤으며, 자베르를 죽이지 않았느냐는 것이다. 이 점에 관해서는 마리우스보다 잘 알고 있는 테나르디에가 발장과 마들렌은 동일 인물이라고 의기양양하게 말하고, 여봐란 듯이 그 주장을 뒷받침하는 신문기사를 꺼낸다.

마리우스는 뒤늦게 발장을 오판했다고 깨닫기 시작한다. 여전히 테나르디에는 그가 도둑이자 살인자라는 주장을 굽히지 않으면서 하수구에서 있었던 모험담을 들려준다. 발장은 돈 때문에 살해한 젊은이의 시신을 처리하려고 하수구에 있었고, 그곳에서 만난 그가 살해당한 젊은이의 옷을 찢어 자기에게 건네고 나서야 열쇠를 주었다며, 그 증거로 검은 천 조각을 꺼낸다. 이 엄청난 사실에 멍해진 마리우스는 무턱대고 옷장에서 검은 옷을 꺼내 테나르디에의 발밑에 던진다. 그리고는 그 희생자가 바로 자기라며 천 조각을 옷의 찢긴 부분에 정확히 맞춘다. 그는 테나르디에의 죄악을 낱낱이 밝히고 비난하면서도 절대 돌아오지 않겠다는 조건으로 4,500프랑을 건네고, 다음날 20,000프랑을 더 제공한다. 테나르디에는 아메리카에서 노예 무역상이 되기 위해 떠난다.

마리우스는 코제트와 마차를 타고 발장의 집으로 미친 듯이 가는 길에 코제트에게 아버지의 삶을 밝히고 형용할 수 없는 거룩함에 대해 열변

을 토한다. 다행히도 그들이 도착했을 때 발장은 아직 살아 있다. 감정에 복받친 코제트가 아버지에게로 달려가 포옹하고, 마리우스는 '아버님'이라고 부른다. 발장은 기쁜 나머지 어쩔 줄을 모른다. 그는 자기 무릎에 사랑스럽게 앉은 코제트에게 무한한 사랑과 통렬한 갈망을 토로한다. 코제트는 사랑스러운 책망으로 화답하고, 마리우스는 깊은 감사와 존경심으로 응답한다. 그는 단호하고 공손하게 발장을 모시러 왔다고 말하고, 코제트는 앞으로의 생활에 대해 빛나는 청사진을 그린다.

멋진 교향곡을 듣듯 그 말을 경청하는 발장의 눈에 눈물이 고인다. 이어 그는 자기가 죽어가고 있다고 말한다. 상심한 코제트와 마리우스는 그 사실을 인정하려고 들지 않는다. 발장은 감정을 자제하면서 그들에게 하느님이 결정하신 지혜를 받아들이라고 충고하고, 행복한 미래를 기대하라고 촉구한다.

의사가 도착해 가망이 없음을 알린다. 뜻밖의 힘을 모아 벽으로 걸어
간 발장은 십자가를 내리고는 다시 앉는다. 그는 마리우스에게 재산의 합
법성에 관해 안심시키고, 비석은 무명으로 해주기를 요청한다. 임종의 순
간은 행복한 추억으로 가득 찬다. 그는 코제트에게 그녀의 어머니에 관해
얘기해 주고, 테나르디에 부부를 용서하라고 부탁한다. 그는 사랑하는 두
사람이 지켜보는 가운데 행복하게 눈을 감는다.

페르 라셰즈 공동묘지에는 방치되고 무명인 비석이 있다. 시간, 초목,
비바람이 서서히 묘비를 침식하고 있다. 오직 연필로 쓴 특이한 비문만이
잠시나마 기품을 주었다.

그가 여기 잠들다. 운명은 그에게 너무도 야박했지만 그는 살았다.

그는 자신의 천사를 잃었을 때 눈을 감았다.

낮이 가고 어둠이 내리는 것처럼 그저 자연스럽게

죽음을 맞았다.

자신에 관해 쓰디쓴 진실은 말하고 달콤한 것은 숨기려고
하는 것이 장 발장의 특징이다. 그는 이것이 마리우스를 솔직
하게 대하는 것이라고 여기지만, 사실은 솔직한 것이 아니다.
그러나 별 도리가 없다. 전과자가 '나는 착한 사람'이니 믿으
라고 말할 수는 없는 것이다. 그는 신뢰를 잃은 사람이 아닌가.

그의 고백은 일시적으로 어두운 그림자를 거둬들이지만

진정 아무것도 해결하지는 못한다. 코제트에 대한 장 발장의 싸움은 무가치하며 온전한 주인공이라면 그냥 사라졌어야 했다고 생각하는 독자들도 있다. 그러나 그것은 장 발장과 장 발장에 대한 위고의 생각을 오해하는 것이다. 첫째, 위고가 일관되게 말하는 것처럼 선행은 결코 쉽지 않다. 둘째로, 발장이 생각하는 사라짐은 그냥 멀리 가버리는 것이 아니라 바로 죽음이다. 코제트는 이 세상에서 그가 사랑하는 유일한 존재이고, 그녀를 포기하면 그는 죽는다. 그리고 장 발장은 우리가 보아온 대로 생존 본능이 아주 강하다. 그는 마지막까지 어떤 불가해한 성인으로서가 아니라 철저히 인간으로 남아 있는 것이다.

그의 마지막 단념은 패배지만 테나르디에 덕분에 그 또한 승리가 된다. 테나르디에가 자신과 자신이 접촉하는 모든 사람들 주위에 짜놓은 거짓말의 미로를 통해 — 거짓말을 너무 오래 계속하다 보면 늘 그렇듯 — 진실이 우연히 떠오르기 때문이다. 비록 악하지만 테나르디에 역시 결국은 선의 신성함에 공헌하는 것이다. 이것이 바로 하느님이 역사하는 인생의 법칙이다.

그래서 자신의 마지막 행복을 희생한 장 발장은 그 행복을 백배로 돌려받았다. 외로운 사내, 버림받은 자는 자기가 만든 행복에 둘러싸여 눈을 감고, 이 고독한 독신자는 마리우스와 코제트의 자녀들을 통해 풍성하고 유복한 자손들의 조상이 되었다. 어떻게 이보다 더 행복한 결말을 요구할 수 있겠는가?

그러나 위고가 풀지 않고 내버려둔 매듭이 있다. 가브로시가 보호하지 못한 두 소년을 아무도 받아들이지 않은 것이다. 위고의 불찰이거나, 아니면 의도일지 모른다. 독자들이 매일 밤 잠자리에 들면서, 바깥 어딘가 춥고 어두운 곳에는 아직도 버려진 두 어린아이가 있다는 것과 더 많은 아이들이 흡사한 처지에서 굶주리고 보호받지 못하고 있다는 사실을 기억해주기를 바라는 마음에서가 아니었을까. 위고의 말 없는 결론은 그것은 바로 당신이 떠맡아야 할 일이라고 말하고 있는 듯하다.

다음 주제에 관해 간단히 서술하시오.

1. 〈레미제라블〉은 시대를 초월하여 가장 폭넓게 읽히는 소설 중 하나다. 이 소설의 매력은 무엇인가?

2. 빅토르 위고의 무수히 많은 대조 기법를 추적해 보라.

3. "법과 관습의 힘으로 문명의 한복판에서 인위적인 지옥을 만들어내며 인간의 불행으로써 신이 준 운명을 복잡하게 만드는 사회적 천벌이 존재하는 한… 이러한 책들이 무가치할 수는 없다"는 머리말에 대해 간단히 논하라.

4. "이 책이 나의 유일한 주요 작품은 아닐지라도 주요 작품 중 하나가 될 것으로 믿는다"는 빅토르 위고의 평가에 동의하는가?

5. 빅토르 위고를 믿기 어렵다고 비난하는 사람들에게 보들레르는 이렇게 대답한다. "그것은 시처럼 구성된 작품이다. 여기에서 각 등장인물은 보편성을 나타내는 위고의 과장법에 의해서만 예외가 될 뿐이다." 이 말이 무슨 뜻인지 설명해 보라.

6. 빅토르 위고의 가장 통렬하고 반복되는 주제 중 하나는 프랑소아 모리악이 말하는 이른바 '사랑의 사막', 즉 이루지 못한 사랑이다. 이 주제에 관한 위고의 변형물들을 추적해 보라.

7. 위고의 편집자 중 한 사람인 마리우스-프랑소아 귀야드는 〈레미제라블〉의 무질서 뒤에는 견실한 틀이 보인다고 주장한다. 이 소설의 구조에 대해 평가한다면?

8. 자베르의 상징성과 개인적 인물 묘사는 어느 정도인가?

9. 테나르디에는 절대 사악한 사내다. 이 같은 인물이 현실적일 수 있을까? 그는 설득력이 있는가?

10. 디드로는 천재성이란 추상적인 개념을 구체적 표현을 통해서 보는 경향이라고 정의한다. 빅토르 위고는 〈레미제라블〉에서 이러한 정의를 어떻게 설명하는가?

11. 〈레미제라블〉을 현실주의적 소설로서 토의해 보라.

12. 장 발장의 지배적인 정서에 대해서 카리타스, 즉 적극적이고 외향적인 이타심이라고 하지만 이것이 그의 유일한 열정은 아니다. 이 책을 통해 장 발장이 경험하는 다른 정서들, 그리고 이것들이 카리타스와 어떻게 충돌하고 그의 카리타스를 어떻게 다시 강화시켰는지 논하라.

13. 빅토르 위고가 〈레미제라블〉에서 공격하는 주요 사회악은 무엇인가?

14. 빅토르 위고가 〈레미제라블〉에서 직 · 간접적으로 주창하는 사회 개혁은 무엇인가?

15. 위고의 인간성에 관한 견해는 무엇인가? 그는 성선설을 믿는가, 아니면 원죄에 의해 더럽혀진 것으로 보는가, 둘 다 아니라면 어느 입장을 취하는가?

16. 마리우스는 당대의 전형적인 낭만주의적 젊은이로 묘사되었다. 그에 대해 논하고, 낭만주의 시대의 소설, 연극, 혹은 시에 등장하는 다른 낭만주의 인물들과 비교해 보라.

17. 성격 형성, 줄거리 전개 및 주제와 관련하여 코제트의 역할을 설명하라.

18. 선동가로서 위고가 지닌 주요 무기들은 어떤 것인가? 각 무기의 효
용성을 논하라.

19. 가브로시는 프랑스 문학에서 가장 기억할 만한 인물 가운데 하나로
여겨진다. 위고가 그를 그렇게 만든 기법들을 분석하라.

20. 〈레미제라블〉의 낭만주의적 요소들을 논하라.

一以貫之

논술노트

소설이기만은 원치 않는 소설 ○

실전 연습문제 ○

一以貫之는 '논어'에 나오는 말로 '모든 것을 하나의 이치로 꿴다'는 뜻입니다.

논술의 주제와 문제 유형, 제시문들은 참으로 다양하고 가지각색입니다. 그러나 그 모든 것을 하나로 꿸 수 있습니다. '인간사회의 보편적 문제들에 대한 근원적인 물음에 답하는 자기 나름의 견해'라는 것이지요. 논술은 인간이면 누구나 부딪히는 개인적 또는 사회적 문제들에 대한 자기 나름의 고민이자 성찰입니다. 논술은 자기견해, 자기 가치관, 자기 삶에 대한 솔직한 고백입니다.

一以貫之 논술연구모임은 '자신의 물음'과 '자신의 생각'을 갖고 '자신의 글'을 쓸 수 있도록 도와줍니다.

〈집필진〉
정계화, 우한기, 이호곤, 박규현, 김법성, 김재년, 김병학, 도승활, 백일, 우효기, 조형진

소설이기만은 원치 않는 소설

　〈레미제라블〉은 매우 특이한 소설이다. 이는 전통적인 관점에서 볼 때 소설로 뛰어나기 때문만이 아니라, 보통의 소설에서 읽을 수 없는 너무도 많은 비소설적 이야기를 담고 있기 때문이다. 한창 주인공과 그 주변 인물들의 삶에 빠져든다 싶으면, 독자들은 주인공들의 인생 이야기와 아무런 관련이 없어보이는, 적어도 직접 관련이 없는 수많은 이야기들을 만나게 된다. 이런 이야기들은 우리가 흔히 생각하는 소설이란 범주에 포함되지 않는 다양한 문명 현상에 관한 것이다. 이를 테면, 전쟁(워털루 전쟁), 정치(루이 18세 치하의 정치적 분위기), 종교(수도원), 사회 계층(범죄자 집단과 귀족층), 형벌 제도, 언어의 사용, 폭동과 혁명(1832년 혁명 전야의 사회 분위기), 사회 기간시설(파리의 하수도) 등등.

　어떤 독자들은 하소연한다. 도대체 무엇 때문에 이렇게 한 편의 드라마와 직접적으로 관련이 없는 이야기들을 주절주절 늘어놓는지 모르겠다고. 이런 하소연은 무엇보다 재미있는 허구를 읽고자 하는 욕구를 가진 독자들의 입장에서 보면 지극히 당연하다. 사실 이런 이야기들을 모두 빼버린다 해도 전체적인 구성에 하등 영향이 없기 때문이다. 이 작품은 장 발장이라는 한 가공인물의 파란만장한 인생여정을, 매 계기마다 그의 고뇌와 갈등을, 그리고 양심을 지켜내려는 숭고한 투쟁을 생생하게 묘사한다. 드라마 속의 사건들이 마치 수시로 가족회의를 치르는 것처럼 등장인물들의 얽힘과 꼬임으로 연속된다는 인상을 주기는 하지만, 그래서 다소 현대적인 감각을 지닌 독자들에게는 아무래도 좀 식상하고 진부한 이야기로 느껴지겠지만, 어쨌든 그 자체로 완결적이며, 그만큼 구성적으로도 치밀하다.

완결적이고 구성적으로 치밀한 만큼 위에서 말한 다양한 문명 현상들에 관한 서술은 그다지 필요하지 않다. 굳이 워털루 전쟁의 전개과정 없이도 테나르디에의 인물 묘사가 충분히 가능한 것처럼 파리 하수도의 기원과 개축을 알지 못하더라도 마리우스를 구하는 장 발장의 행위와 그 동기를 충분히 추적할 수 있는 것이다. 드라마로서의 〈레미제라블〉은 다양한 문명 현상을 서술하는 〈레미제라블〉에게 외면적이다. 그것은 물의 속성을 연구하는 물리학자와 물고기의 생태를 연구하는 생물학자의 기본관심이 다른 것처럼 서로에게 접점을 형성하지 않고 따로따로 논다. 서로에게 외면적인 상이한 층위의 이야기를 엮어놓은 것은 확실히 〈레미제라블〉이 안고 있는 모순적인 결함이다. 이 결함은 없는 것이기도 하고, 동시에 심각하게 상존하는 것이기도 하다. 한 편의 드라마로만 〈레미제라블〉을 이해한다면 그 어디에도 결함은 존재하지 않는다. 그냥 드라마로만 이해하고 읽으면 된다. 〈레미제라블〉은 필자가 중학교 때 읽었던 〈장 발장〉일 뿐이며, 그 내용을 알고자 하면 굳이 읽을 필요 없이 뮤지컬 "레미제라블"을 관람하면—상투적으로 지식인들이 지적하는 결점, 원문을 섬세하게 반영하지 못한다는 결점을 인정한다고 해도—충분하다. 그러나 예술적인 견지에서 보면 그 결함은 심각한 것이 된다. 비소설적인 이야기는 지루하며, 소설 읽기의 맥을 끊어놓는 치명적인 결함이다. 결국 여기서의 결함은 예술 작품으로서 〈레미제라블〉이 안고 있지만, 소설로서 〈레미제라블〉에게 책임이 돌아갈 수 없는 종류의 결함이다. 바로 이 결함에서 나의 의문은 시작된다.

모순으로 들어가는 입구는 언제나 모순에서 나오는 출구가 됨을 독일의 철학자 헤겔—사실, 역사를 생각하는 위고의 관점은 헤겔의 역사철학적 관점과 비슷한 점이 많다. 이 점에 관해서는 후에 좀 더 상세히 언급할 것이다—은 일러준다. 헤겔에 따르면 〈레미제라블〉의 결함은 이 작품을 이해하는 가장 중요한 열쇠가 된다. 우리는 그 결함을 알고 있다. 문명 현상을 서술하는 〈레미제라블〉을 원치 않는 것이다. 그런데도 마치 경사스러운 날에 찾아드는 불청객처럼 작품의 발걸음을 잡으며 자꾸만 끼어든다. 도대체 왜일까?

그것은 〈레미제라블〉이 단지 한 편의 드라마이기만을 거부하고 있기 때문이다. 적어도 위고의 의도는 그렇다. 여기서 우리는 그의 의도를 적극적으로 해석할 필요가 있다. 〈레미제라블〉은 단지 허구적인 이야기로 머무르고자 하지 않는다. 이것이 바로 이 작품의 가장 큰 특성이다. 소설이기만은 거부하는 소설. 따라서 한 편의 허구적 이야기라기보다는, 기꺼이 '세계와 그 세계를 만들어낸 세기의 보고서'이고자 한다. 허구를 넘어 예술의 오랜 신화, 즉 피그말리온의 조각상을 꿈꾸는 것이다. 저자 위고도 이것을 애써 감추지 않는다. "이 책은 하나의 드라마로서, 첫 번째 주인공은 무한이다. 인간은 두 번째 주인공이다." 〈레미제라블〉은 무한과 인간을 두 인간으로 설정한다. 이제 두 주인공의 의미를, 그리고 더욱 중요하게는 두 주인공이 맺는 실질적 관계를 추적해 보자.

두 주인공: "무한"과 "인간"

위고에 의해 지정된 두 주인공을 단순하게 나열하는 것은 확실히 이 작품을 오해하는 것이다. 단순한 나열은 마치 서로 동등한 두 주인공을 머리에 떠올리게끔 한다. 그러나 위에서 인용된 문장은 왠지 이런 표상을 거절하는 듯 보인다. 그 뉘앙스는 이를테면, '첫 번째 주인공은 무한이고, 두 번째 주인공은 인간'이라는 표현이 주는 그것과 미묘한 차이가 있다. 이것은 단지 서열상의 차이만을 명백히 할 뿐이다. 번역기술상의 문제를 떠나 '첫 번째 주인공은 무한, 인간은 두 번째 주인공'이란 말은 순서 매기기 이상의 의미가 암시된다. 이는 첫 번째와 두 번째 주인공 사이의 비중 차이를 은근히 시사한다. '인간은 두 번째 주인공'이란 표현은 '두 번째 주인공은 인간'이란 표현보다 인간에게 낮은 위상을 부여한다. 이로써 〈레미제라블〉은 자신이 그려내고자 했던 대상이 결국 무엇인가를 시사한다. 그것은 말 그대로 '무한'이다. 더욱이 인용된 문장에서 두 번째 주인공의 비중을 작게 해석할수록 그것은 점점 '무한'이 된다. 과연 그 무한이 의미하는 바는 무엇일까?

첫 번째 주인공인 '무한'은 단적으로 말하면 '세계'의 무한이다. 세계는 수많은 관계들의 총체다. 그 무한은 인간 사회와 역사에 내재하는 무한성이다. 이 '무한'을 그려내는 일은 위고의 말대로 '모든 문명과 야만이 개괄된' 세계를 드러내는 일이다. '첫 번째 주인공이 무한'이란 것은 〈레미제라블〉은 한 인간의 아름다움과 성스러운 삶이 아니라, 먼저 '세계와 그 세계를 만들어내는 세기'와 먼저 관계한다는 것을 뜻한다. 그것은 한 편의 휴먼드라마이기도 하지만, 그보다 먼저 세계와 인류, 그리고 역사와 세기의 보고서다. 세계, 인류, 역사와 같은 보편 개념들을 표상하는 것은 어려운 일이다. 우리들의 일상에서 세계는 언제나 각자 삶의 구체적인 세계일 뿐이다. 각각의 개별자들은 그저 자신의 삶을 살아갈 뿐이다. 그야말로 야심찬 기획이다.

기획이 야심찰수록 져야 할 리스크 역시 커지는 법이다. 여기서 리스크란 인류, 세계 또는 역사 같은 보편적인 개념을 구체적으로 보여주려고 할 때 떠안게 되는 어려움을 말한다. 솔직히 '세계'라는 말은 어떤 상을 표상하는 것조차 어렵게 한다. 또 세계라는 말처럼 우리를 난감하게 만드는 것도 없다. 표상이 어려운 만큼 그 구체성은 묘연해지고, 의미는 불분명해진다. 세계는 비트겐슈타인의 말을 빌려 말하자면 그야말로 '모든 경우들의 총체'이기 때문이다. 이 '경우들의 총체'는 전부가 될 수 있고, 동시에 아무것도 아닐 수 있다. 따라서 세계를 그리고 역사를 보고하는 것은 전부를 보여주는 것이며, 동시에 아무것도 보여주지 않는 것이라는 역설에 처하게 된다. 세계를 그려내고자 하는 〈레미제라블〉 역시 이 역설을 피할 수 없다.

역설은 〈레미제라블〉이 보여주는 '세계'와 '세기'가 드라마 속을 살아가는 수많은 인물들의 삶과 아무런 연관이 없다는 점으로 일단 나타난다. 위고는 워털루 전투를 개괄하는 일에 열심이지만, 정작 전투가 끝났을 때 죽은 병사로부터 약탈 행위를 일삼던 테나르디에에게 워털루 전투의 향배는 솔직히 말하자면 그리 중요한 일이 아니다. 워털루 전투가 아무리 '하나의 전투가 아니라 세계의 방향전환'이고, 또 이 방향전환이 수많은 개인들의 운명을 바꿔놓았을지라도 테나르디에에게는 그저 짭짤한 돈벌이의 의미만을 지닐 뿐이다. 그저 더 많은 병사들이 죽어 쓰러져 있지 않은 것이 아쉬울 따름이다. 파리의 하수도와 그 역사에 관한 상세 보고 역시 마찬가지다. 마리우스를 구하려는 장 발장의 행위는 파리 하수도의 역사와 아무런 ─ 백발 양보해서 적어도 직접적인 ─ 관련도 없어 보인다. 이렇게 〈레미제라블〉이 묘사하는 세계는 드라마 속에서 행위하는 인물들에게 한낱 시공의 배경처럼 나타난다. 그것은 인물들에게는 철저하게 외면적이고 우연적일 뿐이다. 소설을 읽는 우리에게 '파리의 하수도'와 '워털루 전투'는 마치 한 장의 위성사진처럼 인물들이 움직이는 공간과 시대를 개관시킬 뿐이다. 당연히 인물들을 떠받치고 있는 객관적인 세계가 없다면 인물들도 존재하지 않을 것이다. 마치 지구가 없다면 인간이 존재하지 않는 것과 같다. 이 자명한 사실은 그러나 어느 누구에게도 실재적인 의미를 만들지 못한다. 이 세계는 곧 전부이기는 하지만, 정작 드라마 속에서 행위하는 당사자들에게는 아무런 의미도 없는 것이다. 한 마리 하이에나처럼 죽은 병사들을 약탈하는 테나르디에에게 워털루 전쟁의 향배는 이를테면 목성의 행성 이오에서 일기 시작한 화산 폭발처럼 머나먼 이야기다. 생명이 경각에 달린 마리우스를 업고 가는 장 발장에게 파라의 하수도는 단지 더럽고 불결하며, 되도록 빨리 벗어나야만 하는 장소일 뿐이다. 아마도 파리의 하수도가 없었다면 장 발장은 꼼짝없이 체포되거나 처형당했을지도 모른다. 파리의 하수도는 그에게 유일한 탈출구를 제공한다. 그러나 이로써 장 발장의 행위와 파리의 하수도를 연관 짓는 일은 참으로 미련한 일이다. 파리의 하수도가 장 발장의 행위를 위해 만들어진 것도 아니지 않은가? 객관적인 세계에 대한 이해가 인물들의 행위를 이해하는 데 반드시 필수적인 것은 아니다. 이를 테면, 지구의 대기 같은 것이 그런 것이다. 누구나 숨을 쉬지만 그래서 '장 발장'도 숨을 쉬지만, 단지 숨을 쉰다고 해서 곧 '장 발장'이 되는 것은 아니다. 물에 녹아 있는 액화산소의 속성을 잘 이해한다고 곧장 물고기의 행태에 관한 이해로 연결되는 것이 아닌 것처럼. 그것은 그저 세계에 관한 해박한 지식일 뿐이다. 세계에 관한 〈레미제라블〉의 보고를 들을 때, 자연히 떠오르는 의문은 아마도 다음과 같을 것이다. "모든 경우들의 총체인 세계가 대관절 '나'와 무슨 상관이란 말인가?" 이는 정당한 의문이다. 적어도 세계가 구체적인 삶의 현실에서 살아가는 '나'와 관계를 설정하지 않는 한, 그것은 피상적인, 삶과 동떨어진 외부 세계에 대한 장광설일 뿐이다. 이 외면성은 지구가 태양을 돌든, 반대로 태양이 지구를 돌든 촌부에게는 아무런 상관이 없는 것과 매한가지다. 그저 천체의 운동이 그에게 씨를 뿌리고 또 수확을 하는 절기만을 만들어 주기만 하면 된다.

첫 번째 주인공: 세계 그리고 문명과 야만

어디에서든 권리에는 의무가 부과되는 법이다. 자신과의 관련성을 세계에게 추궁하는 일에도 한 가지 의무는 따른다. '나'와의 관련성을 의심하는 일은 '나'라는 존재에 대한 문제를 스스로에게 던질 수 있을 때만 비로소 그 정당성을 얻는다. 세계에 대한 '나'의 무관심을 감추기 위해 오직 세계의 외면성과 그 우연성을 논하는 것은 세계에 대한 이해를 막을 뿐만 아니라, 나아가 자신에 대한 진지한 성찰까지도 막아버린다. 어떤 식으로든 그 무의미성은 '나'의 무관심을 위한 알리바이가 되어서는 안 되며, 자신에 대한 진지한 성찰과 함께 고구(考究)되어야만 한다. 〈레미제라블〉이 첫 번째 주인공으로 보고하는 세계가 독자인 '나'와 맺고 있는 관계를 묻는 일은 그 세계 속에서 살고 있는 '나'는 과연 무엇이고 어떤 존재인지를 묻는 일을 동반한다. 과연 세계는, 그리고 문명의 역사는 '나'에게 정말 외면적이고 우연적일 뿐일까?

'나' 자신은 구체적인 삶의 공간에서 살아가는 하나의 개별적인 인간이다. 그런데 이 개별성은, 다른 말로 이렇게 표현될 수 있다. '나'의 독자성은 과연 어디서 유래하는 것일까? 무엇이 과연 '나'만의 개별성을 만들어내고 있는 것일까? 그것은 하늘이 내린 운명일까? 아니면 그것은 '나'의 자유의지에 따라 선택된 결과들이 만들어낸 산물일까? 아래의 문장은 '나'의 개별성과 독자성이 어디서 유래하는지에 대해, 또한 세계가 왜 그토록 드라마 속에서 행위하는 인물들에게 외면적으로 비쳐지는지, 아울러 더 나아가 재미있는 소설을 읽는 독자들의 이해 관심과도 그렇게 동떨어진 것으로 현상하게 되는지 그 이유를 가늠케 하는 실마리를 제공한다.

"불완전한 성격과 짓눌린 지성의 병적인 자각을 통하여 그는 무슨 무시무시한 것이 자기 위에 씌어져 있음을 어렴풋이 느끼고 있

었다. 그 어슴푸레하고 희멀쑥한 그림자 속에서 기어 다니면서, 고개
를 돌리고 눈을 쳐들려고 할 때마다, 갖가지의 사물과 법률과 편견과
인물과 사실이, 그 윤곽조차 보이지 않을 정도로 무시무시하게 중첩
되어, 서로 쌓이고 겹쳐서 무서운 절벽을 이루면서, 까마득하게 높이
솟아 있음을, 그는 분노 어린 공포심을 품고 보는 것이었다. 산더미
같은 그러한 것들은 끊임없이 그를 위협했다. 그것은 우리들이 문명
이라고 부르는 저 어마어마한 피라미드 외에 아무것도 아니었다. (중
략) 그러한 모든 것, 법률과 편견과 인물과 사물들은, 신이 문명이라
는 것에 부여한 복잡하고 신비로운 운동에 따라, 잔인 속에 깃들인
말할 수 없는 고요와, 무관심 속에 깃들인 말할 수 없는 냉혹을 지니
고서 또는 그를 짓밟으면서, 그의 위를 오고가는 것이었다.”

세계가 만들어내는 수많은 관계들은 개인들을 횡단하며
지나간다. 그리고 이 횡단들로부터 개인의 삶은 특정한 주름
을 형성한다. 세계와 문명이 남긴 주름들이 바로 인간의 개별
성이고 독자성이다. 이 수많은 주름들을 자신과의 관계 속에
서 뚜렷이 인식하는 일은 결코 쉽지 않다. 세계는 정말 ‘무시
무시하게’ 서로 ‘중첩되어’, 그 ‘윤곽’을 드러내지 않으면서,
‘나’가 살아가는 구체적인 삶의 공간에 침투해 들어와 ‘나’를
‘짓밟으면서’ ‘나’의 ‘위를 오고가는’ 그런 것이다. 거대한 문
명의 피라미드가 한 번 오갈 때마다 ‘나’에게는 그 흔적이 남
고 주름을 지워, 그 ‘나’가 인지하지 못하는 순간에도 ‘나’의

개별성과 독자성을 바꾸고 또 조형한다. 세계는 그 중첩성과 그 광범위함에, 그리고 비가시성으로 자신의 구조를 쉬이 드러내지 않는다. 결론을 말하면, 세계는 '나'에게 외면적이었던 것이 아니라, 내가 미처 인지하지 못하는 내밀한 관계를 맺고 있다. 마치 영화 "매트릭스"의 그것처럼. 단지 '나'는 그 중첩성과 그 광범위함으로 인해 외면적으로 비쳐진 것이었을 뿐이다. 파리의 하수도는 단지 마리우스를 구하는 바로 그 순간에 외면적으로 등장한 것뿐이다. 잠시 소설을 떠나 생각해 보라. 일상을 살아가는 장 발장이, 또 테나르디에가 가정의 폐수를 어디다 버렸는지를. 또 프랑스의 인권선언이 수많은 부랑아들의 처지를 어떻게 변화시켰는지를. 개인들이 의식하지 못하는 그 순간에도 세계와 문명은 인간들과 함께 숨쉬며, 인간의 삶에 관여한다.

물론 '문명과 야만을 개괄하는' 세계를 뚜렷이 인식하지 못한다고 해서 삶을 영위할 수 없는 것은 아니다. 그렇다. 인간은 어찌되었든 산다. 얼마든지 인간은 촌부로서도 행복하게 잘 살 수 있다. 이런 점에 비춰보면 확실히 인간은 불멸의 존재처럼 느껴지기도 한다. 그러나 그 행복조차도 세계사적 요인들의 우연적인 결합에서 나온다. 그것이 우연이었던 만큼 세계사의 거대한 흐름은 그 향배에 따라 언제든지 그 행복을 거두어갈 수 있다. 우리는 역사 속에서 얼마든지 그 수많은 예들을 찾을 수 있다. 일례로 97년의 외환위기가 그런 것이다.

아시아의 용을 타고 안락한 삶을 구가하며, 미래가 장밋빛으로 비쳐지는 시절에 누군들 세계 경제에 불어 닥친 광풍을 경고하고, 명퇴를 걱정하고, 국민 경제의 왜곡상을 고발하는 데 귀를 기울였는가? 그러나 세계 경제에 불어 닥친 광풍은 수많은 개인들의 행복감 이면에서 끊임없이 움직여 수많은 개인들의 행복을 앗아가버린다.

세계는 한 인간을 촌부로 만들어내고, 그 고유한 속성을 촌부에게 심리적으로까지 각인시킨다. 자신의 위를 지나가는 세계사의 거대한 흐름들을 인식하지 못한 채, 일상에서 발생하는 희비의 끊임없는 교차 속에서 촌부로서의 운명은 결정된다. 세계는 그를 촌부로 만든다. 그러나 그는 자신이 세계에 의해서 촌부가 되었음을 보지 못한다. 그만큼 그것은 거역할 수 없고, 돌이킬 수 없으며 타고난 운명으로 비쳐진다. 중세 신분제의 속박은 근대에 이르러서도 세계에 대한 무지를 바탕으로 지속된다. 촌부의 순수함의 이면에는 삶의 현명함보다 관심의 협소함이 자리해 있다. 헤겔이 말하지 않았던가? 식모의 눈에는 한 시기 세계의 거대한 흐름에서 '전 인류보다 더 큰 비중을 차지하고 있는' 나폴레옹도 한낱 '반찬투정을 하는 어린아이'에 불과하다고. 그러나 식모는 나폴레옹이라는 한 인물에서 표현되고 있는 유럽사의 향배가 자신의 운명을 어떻게 결정짓는지를 보지 못한다. 세계가 자신에게 각인하는 수많은 주름들을 인지하지 못하면 못할수록 세계에 관한 인간의 관심은 축소되고, 자각의 계기도 줄어간다. 자각하지 못하는 자에게 세계는 우연적이고 외면적으로 다가올 뿐이다. 자각하지 못하는 인간은 언제나 세계 뒤에 서는 두 번째 주인공일 수밖에 없다. 세계사의 큰 흐름은 모든 개인들의 운명의 차이를 무화시키며 인간을 만들어 간다. '역사의 수레바퀴'라고 했던가? 이 수레바퀴 아래서는 아픔도, 기쁨도, 슬픔도, 비참함도, 광명도, 행복도 선도 악도 존재하지 않는다. 그저 개인들의 관심을 넘어서는 도도한 흐름만이 존재할 뿐이다. 이 흐름은 문명이 일궈온 진보를 야만의 상태로 돌려놓기도 하고, 반대로 질병을 앓고 있는 민중을 불멸의 인간으로 바꾸기도 하며, 한낱 거리의 부랑아에 지나지 않는 가브로시로부터 뭇사람들을 숙연하게 만드는 혁명가의 모습을 뽑아내기도 한다. 세계의 매트릭스는 인간을 '베오치아인(바보)'으로 만들기도 하고 또 '이오니아인(철인)'으로 만들기도 한다.

'단지 소설이기만은 거부하는' 〈레미제라블〉은 인간들을 만들어내는 '세계와 매트릭스'를 보여주려고 무던히 애를 쓴다. 그리고 문명이라는 거대한 피라미드의 층위들을 쉼 없이 오르내린다. 그것은 맨 꼭대기 층의 수도원에서부터 가장 아래 위고의 표현을 빌리자면, 문명사회에서도 여전히 잔존하는 야만의 찌꺼기가 퇴적되어 있는 '무대의 마루 밑'에 이르기까지 특유의 진지함으로 관찰한다. 그것은 언젠가 니체가 〈선과 악을 넘어서〉에서 언급했던 학자의 진지함으로 지평면을 횡단한다. 각 계층들의 언어를 이해하며, 제도보다 더 뿌리 깊은 관습을 서술한다. 복잡한 '사회구조 아래' 놓여 있는 여러 가지 구덩이를, '종교의 굴', '철학의 굴', '정치의 굴', '경제의 굴', '혁명의 굴'을 헤집고 다닌다. 〈레미제라블〉은 '문명의 내부요 밑바닥'을 해부한다. 세계의 매트릭스를, 문명과 야만의 절묘한 교차들을 보기 위해서는 각별한 관심과 세심한 관찰이 필요하며, 또한 지성의 지대한 노력이 뒤따라야 한다. 〈레미제라블〉은 바로 이 지성의 노력을 보여준다. 이는 일상의식이 손쉽게 얻는 경험이 아니다. 거기에는 인류에 대한 자각이, 문명에 대한 성찰이 베어난다. 이 지성의 노력은 일차적으로는 세계와 문명을 객관적으로 보고한다. 〈레미제라블〉은 그래서 소설이라는 장르에 '사회 철학'을 접목시킨다. 〈레미제라블〉이 세계를 포획하는 아주 독특한 방식이다. 사회 철학적인 묘사들에서 '일하고 고생하고 미래를 기다리는 민중, 짓눌린 여성, 고통 받는 어린이, 인간과 인간과의 암묵의 싸움, 은근한 잔인성, 편견, 공공연한 부정, 법률에 대한 지하의 반격, 영혼의 은밀한 진화, 군중의 눈에 띄지 않는 몸부림, 굶주림, 헐벗음, 가난뱅이, 낙오자, 고아, 불행자, 파렴치한 암흑 속에 헤매는 모든 생령들'은 차례로 제 모습을 드러낸다. 그러나 세계에 두고 시도되는 사회학적 해부는 니체의 말마따나 그야말로 〈선과 악을 넘어서〉에서 인간을 특정한 개인으로 만들어내는 세계사와 문명의 객관적인 흐름들을 보여주기 위한 것만 아니

217

다. 그것은 단지 현학적인 유희도, 단순한 지식의 근육질을 자랑하기 위한 것도 아니다. 거기에는 위고가 가졌던 작가로서, 풍습과 관념의 역사가로서의 의무감이 베어 있다. 레미제라블 식의 사회 철학은 문명과 세계의 매트릭스를 해부하고 문명을 진단하여, 문명사회에 남아 있는 야만적인 요소를 발견하고, 치유의 관점을 제시하려는 하나의 기획과 연결되어 있다. 〈레미제라블〉은 '현대 문명의 질환'을 발견하고자, 즉 '문명을 진찰'한다. 그 결과로 세계에 대한 보고일 뿐만 아니라 비참함을 만들어내고, 가난을 양산하며, 악을 키워가는 세계를 고발한다. 〈레미제라블〉의 서사는 이 고발의 기획을 분명히 한다.

"법률과 풍습에 의하여 인위적으로 문명의 한복판에 지옥을 만들고, 인간적 숙명으로 신성한 운명을 복잡하게 만드는 한, 무산 계급에 의한 남성의 타락, 기아에 의한 여성의 타락, 암흑에 의한 어린이의 위축과 같은 이 시대의 세 가지 문제가 변질되지 않는 한, 어떤 지역에서 사회적 진실이 가능한 한, 다시 말하자면, 그리고 더욱 넓은 의미에서 지상에 무지와 비참이 존재하는 한, 이 책과 같은 성질의 책들이 무익하지는 않을 것이다."

두 번째 주인공: 인간

이탈리아의 역사학자이자 철학자 비코는 역사가 인간을 만들며, 역사에 의해서 만들어진 바로 그 인간이 다시금 역사를 만들어간다고 말했다. 확실히 역설이다. 그러나 역설은 단순한 논리적인 모순이 아니며, 따라서 모든 합리적인 언설에서 배제되어야만 하는 것이 아니다. 〈레미제라블〉의 인간론을 구성하기 위해 우리는 이 역설에 담겨 있는 변증적이고 생산적인 의미를 먼저 살펴볼 필요가 있다.

서사에서 위고가 밝히고 있는 것처럼 '타락'의 문명적인 원인을 규명하고, '사회적 진실'을 밝히려는 노력은 매우 중요하다. 이런 노력들은 더군다나 이 세계가 '나'의 행동과 결코 무관하지 않기 때문에 더더욱 중요하다. 이 세계가 바로 '나'를 만들어내기 때문이다. "어차피 문명과 세계가 '나'를 만드는 것이라면, 그 '나'가 도대체 세계를 개선하기 위해서 할 일이란 과연 무엇인가"라는 역설의 표면적인, 형식논리적인 덫에 걸려들어서는 안 된다. 형식논리에 따를라치면 비코의 말은 이율배반이 된다. 세계를 개선시키는 일에서 바로 인간은 진정한 인간으로 거듭나며, 이런 점에서 사실 비코는 형식논리적 이율배반을 말하고자 이 같은 명제를 던지지 않았다. 어떤 인간이 어떤 태도로 세계를 바라보는가에 따라 세계는 얼마든지 달라진다. 세계와 자신이 맺고 있는 그 내밀한 관계들을 추적하지 못하고, 주어진 현실에 그만 주저앉는 사람에게는 '문명의 한복판'에 만들어지는 '지옥'조차 운명이 되어버린다. 그러나 그 지옥은 현실을 직시하고, 문제점을 고발하고, 아직도 세계의 수많은 관계들 속에 달라붙어 있는 인류의 야만 상태를 고발하는 사람에게 충분히 개선될 수 있는―최소한 개선을 기대할 수 있는―사회 현실이다. 세계는 자신의 존재를 성찰하고, 자신과 세계와 맺고 있는 관계를 추적하고, 스스로의 존재를 자각하는 사람에게 자신을 허락한다. 이런 사람들에게 세계는 그 누구의 의지와도 무관하게 굴러가는 역사의 거대한 수레바퀴는 아니다. 수레바퀴가 굴러가는 것을 멈추게 할 수는 없으나, 노력 여하에 따라 그 향배를 바꿀 수는 있다. 비코는 바로 이 점을 역설했던 것이다.

사람들이 주어진 스스로 굴러가는 역사를 거부하고 자신의 역사를 만들어 간다면, 그래서 세계사의 흐름에 기획과 의도를 가지고 방향성을 제시한다면 세계는 단순하게 주어진 것들의 총체가 아니다. 세계는 도래하지 않은 수많은 가능성들의 최종적인 지평이 된다. 과거는 닫혀 있지만, 과거가 만들어 낸 현재의 질서에 순응하지 않는다면 개인들에게 운명으로서의 닫혀진 미래는 존재하지 않는다. 바로 닫힌 문을 열고 미래를 새로운 가능성들로 열어 보이는 자가 바로 인간이다. 그리고 바로 이 인간만이 유일하게 '현실적인' 세계의 동위체다. 세계가 가능성들의 지평으로 나타나는 것은 단순하게 주어진 사물들과 제도들, 그리고 법률과 관습으로부터 성찰과 자각의 계기로 분연히 떨쳐 일어난 인간정신에게 주어지는 일종의 특권이다. 바로 이런 의미에서―정확한 인용은 아니지만―괴테도 일상이든 자유이든, 그것은 날마다 싸워서 쟁취하는 자의 것이라고 말하지 않았을까?

전통적인 의미의 주인공을 〈레미제라블〉은 선보이지 않는다. 한 편의 드라마 속에서 장 발장은 분명 주인공이기는 하지만 그 역시 세계의 뒤에 위치하는 〈레미제라블〉의 두 번째 주인공일 뿐이다. 그리고 진정한 인격적 주인공은 등장인물들이 아니라, 바로 세계가 주름 짓는 운명을 거역하고, 세계를 만들어가는 바로 실체 없는 인류다. 이 인류의 모습을 구현하는, 잠시나마 세계에 남아 있는 모든 야만적 요소들을 단호히 거부하고, 그저 주어진 계층, 사회, 그리고 환경에 주저앉지 않는 모든 인물들이 주인공이다. 비록 테나르디에의 아들로 태어나 불우한 어린 시절을 보내지만, 부랑아들이 지니는 특유의 이중성을 지녔지만, 지칠 줄 모르는 천진난만함으로 혁명의 대오에 동참하는 가브로시가—적어도 나에게는—가장 인간다운 인간이다. 마리우스에 대한 사모의 마음에서 결국 마리우스의 생명과 자신의 그것을 바꾸는 에포닌 역시 인간이다. 마리우스에 대한 사모의 마음에서, 마리우스와 코제트의 아름다운 사랑을 보호해 주고자 아버지를 비롯한 악당들에 맞서는 에포닌의 이야기야말로 가장 아름다운 부분 중 하나다. 이들 모두는 아름다운 인간이다. 그 이유는 그들이 주어진 세계의 질서를, 아버지 테나르디에의 질서를, 운명 아닌 운명을 나름의 방식으로 거부하고 그에 맞서기 때문이다. 악당의 상징인 테나르디에의 자식들에게서 인류의 보편적 가치를 보여주는 것은 아마도 위고가 열린 가능성으로서의 미래에 무한한 기대를 하고 있다는 반증일지도 모른다.

그러나 가장 대표적인 표본은 물론 장 발장이다. 그는 자신의 양심을 지키기 위해, 비엥브뉘 주교와의 약속을 지키기 위해 정말 치열하게 자신을 자각하고, 자신을 주저앉히려는 세상과 끊임없이 싸워나간다. 그는 시장이라는 지위를 포기하고 샹마티유 사건에 출두하여 자신의 신분을 밝힌다. 양심을 지키기 위해 과연 인간은 모든 것을 포기할 수 있을까? 그것은 자신의 삶과 아무런 관련이 없는 한 사람을 위한 실로 막대한 희생이다. 하지만 그는 이 희생을 감수한다. 결국 그의 싸움은 원칙의 신봉자인 자베르 경감의 경직된 믿음까지도 물리친다. 읽는 사람에 따라서는 다소 진부하고 미련해 보일 수도 있는 행동이다. 그러나 중요한 것은 그가 어떤 믿음을 가지고 살았다는 것이 아니라, 바로 그가 자신을 끌어 앉히려고 하는 주어진 세계에 안주하지 않았다는 점이다. 그는 마들렌 시장으로 사는 한, 세상은 영원히 감옥일 수밖에 없다는 현실을 직시한다. 이로써 그는 주어진 현실을 뛰어넘는다. 바로 이 점이 많은 사람들로 하여금 탄복을 자아내게 한 것이며, 바로 이 점이 경직된 법 해석자인 자베르를 굴복시키고, 악당인 테나르디에도 극복한다. 이는 문명에 대한 야만의 승리다.

개인들은 세계의 거대한 흐름을 자신도 모르는 사이에 숨 쉬고 호흡하지만, 저마다의 자각과 성찰의 노력을 통해 이 흐름의 향배를 바꿔놓는다. 문명 속에 남아 있는 야만의 찌꺼기를 거두어내고자, 그래서 수없이 존재하는 가브로시에게 좀더 좋은 문명 제도의 혜택을 주고, 수없이 존재하는 에포닌의 가슴 깊이 간직된 순수한 인간의 사랑에 제대로 된 발현의 기회를 주기 위해 위고는 문명이라는 호수를 정화시킨다. 물의 속성을 잘 안다는 것이 곧 물고기의 행태를 잘 이해하는 것은 아니지만, 물고기의 건강한 삶을 위해 맑은 물이 공급되어야 하며, 또 정화시킬 필요가 있다. 바로 이것이 인간의 임무이고, 세계와 문명이 지향해야 할 향배임을 〈레미제라블〉은 보여주고 있다.

다음 글을 읽고 아래 물음에 답하시오

(가)

게르만계의 여러 국민에 이르러 비로소, 기독교 안에서 인간이 인간으로서 자유이며, 정신의 자유가 인간의 가장 고유한 본성을 이루는 것이라는 의식이 획득되었다. 이 의식은 최초에는 종교 안에서, 즉 정신의 가장 내면적인 영역에서 나타났다. 이 원리를 세속 생활에도 파급시킨다는 것이 다음에 오는 과제였는데, 이 과제의 해결과 수행은 곤란하고 장시일에 걸쳐 교화의 노력을 필요로 하였다. 기독교가 채용되었다고 하여, 이를테면 즉시로 노예 상태가 종식된 것은 아니다. 하물며 그것과 더불어 각 국가 안에 자유가 지배적으로 되고 각 정부와 헌법이 이성적으로 조직되며 자유의 원리 위에 세워지기까지는, 짧지 않은 시간이 필요했다. 이 원리의 세속성에의 적용, 즉 이 원리가 세상에 널리 행해지고 침투되기까지에는 긴 시일을 요했으며 그 과정이 바로 문명사 자체를 이룬다.

—헤겔. 〈역사의 철학〉

(나)

사치는 시대, 나라, 문명에 따라 여러 가지 면모를 가지고 있다. 그에 비해 거의 변하지 않는 것이 있다면 그것은 끝도 시작도 없는 사회적인 코미디이다. 그 코미디는 사치를 주제로 하고 있고 또 사치를 판돈으로 걸어놓고 전개된다. 이것은 사회학자, 정신분석학자, 경제학자, 역사가들에게는 소중한 광경을 보여준다. 물론 특권층과 관중들―그 특권층을 바라보는 일반 대중들―사이에 일종의 공모관계를 이루는 합의가 있어야 한다. 사치란 다만 희귀한 것이나 허영의 정도가 아니라 성공, 사회적 매력, 가난한 사람들이 언젠가 도달하려는 꿈이어야 한다. 그러나 막상 그렇게 도달하는 순간 이전의 영예는 곧 사라져버린다. "오랫동안 사람들이 먹고 싶어하던 음식이 마침내 일반 대중에게 도달했을 때 갑자기 그 소비량이 폭등한다. 그것은 마치 오랫동안 억눌렸던 식욕이 폭발하는 것과 같다. 그러나 일단 대중화하고 나면 이 음식은 곧 매력을 잃게 된다. … 그리고 일종의 포만한 상태에 이른다." … 모든 사치는 낡아빠지게 되고 유행은 지나가게 된다는 것은 놀라울 것도 없는 교훈이다. 그러나 모든 사치는 타고 남은 재에서부터, 그 실패로부터 되살아난다. 사치는 사실 그 어느 것으로도 메울 수 없는 사회적 수준의 차이를 반영하는 것이며, 이 수준 차이는 매번 변동이 있을 때마다 새로이 생겨나는 것이다. 이것은 곧 영원한 '계급투쟁'이다.

이 투쟁은 계급만이 아니라 문명의 투쟁이기도 하다. 문명은 끊임없이 감시하고, 또 부자들이 빈자들에 대해서 행하는 것과 같은 방식으로 문명 간에 사치의 코미디를 행한다. 그러나 이 경우에는 상호적인지라, 짧은 거리 간이든 먼 거리 간이든 문명들은 어떤 흐름들을 만들어내고 가속화된 교환을 유도해낸다. 그것은 결국 마르셀 모스의 다음 이야기로 요약할 수 있다. "사회가 도약하는 힘을 얻은 것은 생산에서가 아니다. 사치야말로 중요한 촉진요인이다." 가스통 바슐라르에 의하면 "필요 이상의 것에 대한 정복은 필수적인 것의 정복보다도 더 큰 정신적 자극을 준다. 인간은 욕망의 존재이지 필요의 존재는 아니다." 경제학자인 자크 뤼에프은 "생산은 욕망의 딸이다"라고까지 말했다. 대중적인 사치가 지배하는 오늘날의 사회에서도 이러한 충동, 이러한 필요를 부인할 수는 없을 것이다. 사실 여러 계층적 차이가 없는 사회는 없다. 그리하여 최소한의 사회적 차이도 사치로 연결된다. 그리고 그것은 과거에나 현재에나 마찬가지다.

—페르낭 브로델. 〈물질문명과 자본주의〉

(다)

그리고 또 감히 주장하거니와, 사회적 기형과 불구를 연구하고 그것을 고치기 위해서 적발하는 일은 취사선택이 허락될 수 없는 것이다. 풍습과 관념의 역사가는 사건의 역사가에 못지않은 엄숙한 사명을 띠고 있다. 사건의 역사가 가지고 있는 것은 문명의 표면으로서 왕위의 싸움, 왕후의 출생, 제왕의 결혼, 전쟁, 집회, 국가의 위인, 백일하의 혁명 등등 모든 외부의 것이다. 그러나 풍습과 관념의 역사가가 가지고 있는 것은 문명의 내부요 밑바닥으로서, 일하고 고생하고 미래를 기다리는 민중, 짓눌린 여성, 고통받는 어린이, 인간과 인간과의 암묵의 싸움, 은근한 잔인성, 편견, 공공연한 부정, 법률에 대한 지하의 반격, 영혼의 은밀한 진화, 군중의 눈에 띄지 않는 몸부림, 굶주림, 헐벗음, 가난뱅이, 낙오자, 고아, 불행자, 파렴치한 암흑 속을 헤매는 모든 생령들이다. 그는 형제처럼 또는 법관처럼 자비로움과 동시에 준엄한 마음을 가지고 보통 사람이 들어갈 수 없는 굴 속 깊이까지 내려가야만 한다. 거기에는 피 흘리는 자와, 치고 패는 자, 울부짖는 자와 저주하는 자, 굶주리는 자와 잡아먹는 자, 악에 신음하는 자와 행악하는 자들이 뒤죽박죽 기어다니고 있는 것이다. 이러한 마음과 영혼의 역사가들의 의무가 외적 사실의 역사가들의 의무보다도 더 적다고 할 수 있겠는가? 단테가 해야 할 말이 마키아벨리보다 더 적다고 생각하는 사람이 있겠는가? 문명의 하부는 보다 깊고, 보다 어두운 까닭에 상부보다도 덜 중요하다고 할 수 있겠는가? 동굴을 알지 못하고 산을 잘 안다고 할 수 있겠는가?

　기왕 말이 났으니 말이지만, 위에서 말한 것으로 미루어 이 두 계통의 역사가 사이에는 뚜렷한 거리가 있다고 생각할 사람이 있을지도 모르나, 그것은 우리가 말한 바를 오해한 것이다. 민중의 명백하게 눈에 띄는 공공연한 생활의 역사가라 할지라도 동시에 어느 정도까지는 그들의 깊이 감추어진 생활의 역사가가 아니고서는 훌륭한 역사가라고 할 수 없으며, 내부 생활의 역사가라 할지라도 필요에 따라서는 언제나 외부 생활의 역사가가 아니고서는 또한 훌륭한 역사가라고 할 수 없을 것이다. 풍습과 관념의 역사와 사건의 역사하고는 서로 깊이 얽혀 있는 것이다. 이 상이한 사실의 두 질서는 늘 상통하고 상관하며, 흔히 공생하는 것이다. 하늘의 한 국민의 표면에 그리는 모든 형태는 그 밑바닥에 있는 것과 은밀한 그러나 정연한 평형을 이루고 있고, 밑바닥의 모든 동요는 표면에 파문을 일으키는 것이다. 진정한 역사는 모든 것과 관련하고 있어서, 진실한 역사가는 모든 것과 관계를 갖는 것이다.

—빅토르 위고. 〈레미제라블〉

〈문제 1〉 (가)와 (나)의 제시문은 문명사를 이해하는 방법에 관한 상이한
관점들을 보여주고 있다. (가), (나) 제시문의 핵심 요지를 서술하
시오. (100자)

〈문제 2〉 다음 예시문의 상황을 (가)와 (나)의 관점에 근거하여 해석해 보
시오.(200자)

1600년에 올리비에 드 세르는 감자의 존재를 이야기하고
그것을 자세히 묘사한 바 있다. 1601년 가롤루스 클루시우는
독일의 대부분의 정원에 감자가 퍼졌다고 증언하면서 감자에
대한 첫 번째 식물학적인 묘사를 했다. 전승에 의하면 영국에
감자가 들어간 것은 스페인의 무적함대를 격파한 해인 1588
년 직전에 월터 롤리에 의해서라는 것이다. 영불해협과 북해
해서 경쟁국들과의 대함대가 해전을 벌인 것보다도 감자가 도
입되었다는 이 밋밋한 사건이 차라리 더 중요한 결과를 가져
왔을 것이다.

〈문제 3〉 제시문 (다)를 고려하여 (가)와 (나)에서 드러나고 있는 문명 이
해를 비판해 보시오.

다락원 명작노트 **042**

레미제라블

펴낸이 정규도
펴낸곳 (주)다락원

초판 1쇄 인쇄 2007년 1월 29일
초판 2쇄 발행 2022년 11월 20일

책임편집 안창열, 김지영
디자인 손혜정, 박은진
번역 장계성
삽화 손창복

다락원 경기도 파주시 문발로 211
내용문의: (02)736-2031
구입문의: (02)736-2031 내선 250~252
Fax: (02)732-2037
출판등록 1977년 9월 16일 제406-2008-000007호

Copyright © 2007, 다락원

값 8,500원

ISBN   978-89-5995-145-1 43740

패턴 따라 쉽게 쓰는 틴틴 영어일기 1, 2

❶ 일상생활 패턴정복
❷ 학교생활 패턴정복

중학교에 다니는 여학생과 남학생이 각각 일상생활과 학교생활을 중심으로 1년간의 일을 쉽고 재미있게 쓴 영어일기. 중학생이라면 누구나 한번쯤 겪어봤을 만한 일들을 바탕으로 한 다양한 일기 소재와 어휘가 제공되어 있기 때문에, 영어일기를 통해 영작을 연습하려는 학습자에게 큰 도움이 될 수 있는 교재이다. 중·고생뿐만 아니라, 중학 영어를 미리 예습하려는 예비 중학생들에게도 아주 효과적인 영어 학습서로 강추!

□ 정미선 지음 / 4·6배 변형 / 192면
□ 정가 10,000원 (오디오 CD 1개 포함)

Teen Teen Diary (전3권)

❶ 매일 10단어로 뚝딱 중학생 영어일기

중1 수준의 어휘와 문장으로, 영어일기와 일상회화에 대한 감각을 익힌다.

□ 정미선 지음 / 신국판 / 144면
□ 정가 7,500원 (테이프 1개 포함)

❷ 매일 5문장으로 술술 중학생 영어일기

중2 수준의 어휘와 문장으로, 영어일기에 친숙해지고 자신감을 쌓는다.

□ 정미선 지음 / 신국판 / 152면
□ 정가 7,500원 (테이프 1개 포함)

❸ 매일 내맘대로 쓱싹 중학생 영어일기

중3 수준의 어휘와 문장으로, 중학영어를 마스터하고 미국의 일상회화에 익숙해진다.

□ 정미선 지음 / 신국판 / 144면
□ 정가 7,500원 (테이프 1개 포함)

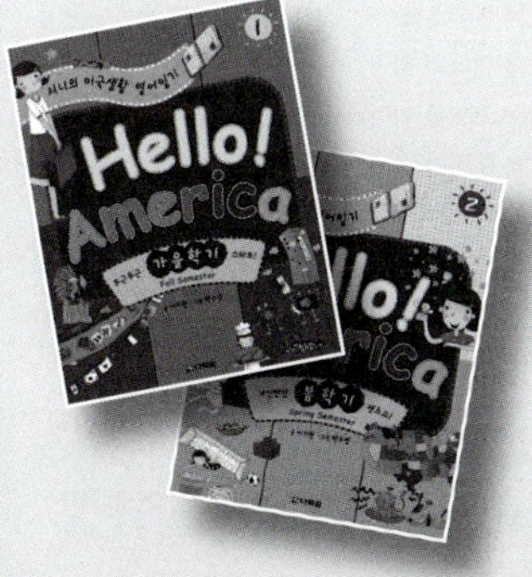

지니의 미국생활 영어일기 Hello! America (전2권)

❶ 가을학기   ❷ 봄학기

어느 한국 여학생의 미국생활 이야기를 일기 형식으로 담은 책. 1권은 '가을학기', 2권은 '봄학기'편으로, 총 1년간의 미국 학교생활 및 일상생활에 관한 흥미로운 이야기들이 담겨 있다. 미국 학생들의 실생활을 바탕으로 한 탄탄한 스토리로 살아 있는 현지 영어와 미국문화를 체험할 수 있을 뿐만 아니라, 영어 독해 및 영작 연습을 할 수 있는 아주 유용한 교재이다.

□ 이지현 지음 / 국배판 변형 / 152면
□ 정가 8,500원

〈행복한 명작 읽기〉는 기초가 약한 영어 초급자나 초, 중, 고 학생들이 보다 즐겁고 효과적으로 명작들을 읽으며 독해력을 키울 수 있도록 개발된 독해력 증강 프로그램입니다.

국판 | **Grade 1, 2, 3** 각권 6,000원(오디오 CD 1개 포함)
Grade 4, 5 각권 7,000원(오디오 CD 1개포함)
*어린왕자 8,000원(오디오 CD 2개 포함)
**고도를 기다리며 9,000원(오디오 CD 2개 포함)

책의 특징

1 골라 읽는 재미가 있다. 초보자를 위한 350단어 수준에서 중고급자를 위한 1,000단어 수준까지 5단계 구성.
2 단계별로 효과적인 영어 읽기 요령과 영문 고유의 참맛을 느낄 수 있는 장치가 곳곳에.
3 읽기만 해도 영어의 키가 쑥쑥 - 해석을 돕는 돼지꼬리(⌒), 영어표현 및 문법 설명, 퀴즈가 왕창.
4 체계적인 듣기 학습까지. 전문 미국 성우들의 생동감 넘치는 원음을 담은 오디오 CD 제공.

Grade 1 Beginner	Grade 2 Elementary	Grade 3 Pre-intermediate	Grade 4 intermediate	Grade 5 Upper-intermediate
350words	**450**words	**600**words	**800**words	**1000**words
1 미녀와 야수	11 이솝 이야기	21 톨스토이 단편선	31 오페라 이야기	41 센스 앤 센서빌리티
2 인어공주	12 큰 바위 얼굴	22 크리스마스 캐럴	32 오페라의 유령	42 노인과 바다
3 크리스마스 이야기	13 빨간머리 앤	23 비밀의 화원	33 어린 왕자*	43 위대한 유산
4 성냥팔이 소녀 외	14 플랜더스의 개	24 헬렌 켈러, 나의 이야기	34 돈키호테	44 셜록 홈즈 베스트
5 성경 이야기 1	15 키다리 아저씨	25 베니스의 상인	35 안네의 일기	45 포 단편선
6 신데렐라	16 성경 이야기 2	26 오즈의 마법사	36 고도를 기다리며**	46 드라큘라
7 정글북	17 피터팬	27 이상한 나라의 앨리스	37 투명인간	47 로미오와 줄리엣
8 하이디	18 행복한 왕자 외	28 로빈 후드	38 오 헨리 단편선	48 주홍글씨
9 아라비안 나이트	19 몽테크리스토 백작	29 80일 간의 세계 일주	39 레 미제라블	49 안나 카레니나
10 톰 아저씨의 오두막	20 별	마지막 수업	30 작은 아씨들	40 그리스 로마 신화	50 나에겐 꿈이 있습니다 –명연설문 모음

쉬운 영문을 통해 영어 독해에 대한 막연한 두려움을 없앤다

실력에 맞게 효과적으로 끊어 읽으며 직독직해 훈련을 한다.

영문판 원서 도전을 위한 전 단계의 준비과정이다.

왕초보 기초다지기

실력 굳히기

영어의 맛 제대로 느끼기